『資本論』探究

DAS KAPITAL

全三部を歴史的に読む

上

不破哲三

新日本出版社

目次

連載論稿を『「資本論」探究――全三部を歴史的に読む』にまとめるにあたって

この書『「資本論」探究――全三部を歴史的に読む』は、『資本論』刊行一五〇年を記念して、雑誌『経済』の二〇一七年五月～一二月号に連載した論稿を一冊にまとめ、若干の加筆・訂正・補強をおこなうとともに、資料として『資本論』関係の年譜をくわえたものです。また、連載の途中、一〇月号に同時掲載した「マルクスと日本――探究の旅は終着点を迎えた」もあわせて収録しました（「マルクスと日本」と「年譜」は下巻に収録）。

（一）

私が『「資本論」全三部を読む』（全七冊）を刊行したのは、いまから一四年前、二〇〇三～〇四年のことでした。これは、日本共産党の創立八〇周年にあたる二〇〇二年に、『資本論』全三部を一年間で読む学習会を、日本共産党本部で計画し（「代々木『資本論』ゼミナール」）、私が講師となっておこなった講義を、講義録にまとめたものでした。

この講義をおこなうにあたって、私には、二つの大きな問題意識がありました。一つは、講義のなかで、『資本論』の重点的な解説ではなく、全三部の全篇全章を、ぬかさず解説する、ということです。

私が『資本論』を最初に手にしたのは、旧制高校時代の一九四七年、古書店で戦前版の『資本論』（高畠《たかばたけ》素之《もとゆき》訳）を購入した時でした。それから半世紀あまり、『資本論』はくりかえし読み、後年には理論活動に大いに活用したものですが、全篇全章をきちんと読んだかと問われると、簡単に〝はい〟とは言えない気分がありました。大事だと思うところは何度も熟読するが、ざっとあら読みして済ましてしまったり、意味をよくつかめないままで終わった苦手な部分などがあちこちに残っているのです。これでは、『資本論』を完全に読んだとは言えないわけで、この機会に、自分自身も本当の意味で全巻を通読したい、そして参加者も、このゼミナールを『資本論』全巻通読に挑戦する機会としてほしい、こういう覚悟で、講義にのぞんだものでした。『資本論』の解説という書物はずいぶんありますが、たいていは第一部が中心で、第二部、第三部には参考になるものがほとんどなく、講義でこの問題意識をつらぬくには、結構苦労したものでした。

もう一つの問題意識は、私が九〇年代の中ごろから取り組んできた『資本論』の形成過程についての研究を、可能な限り講義にとりいれることでした。

私は、そのころから、〝マルクスをマルクス自身の歴史のなかで読む〟という言葉を、マルクス研究の合言葉にしてきました。『資本論』にも、この著作自身の歴史があり、一つ一つの命題や考察をとっても、その問題をめぐる前後の歴史を研究してはじめて真意がわかるという場合が多くあります。また、現行の『資本論』のなかにある命題のなかには、後に執筆した部分で、研究をより発展させた立場からマルクス自身によってその命題が否定されている、という場合もあるのです。さらに、第二部、第三部は、マルクスの死後、残された草稿からエンゲルスが編集したものですから、編集の際にエンゲルスの誤解が入り込んだということも、ありうることでした。

実は、ゼミナールを開催した二〇〇二年に、私は、講義と並行して、雑誌『経済』に、「マルクスと『資本論』──再生産論と恐慌」という論文を連載していました（一月～一〇月号）。マルクスの恐慌論というと、どんな解説書でも、「恐慌の可能性」と「恐慌の根拠」についての説明はあるのですが、資本主義的生産が、なぜ経済循環という運動形態をとるのか、あるいは、なぜ周期的に恐慌に見舞われるのか、この問題についての解明はどこにもないのです。このことは前から私の大きな疑問になってきた問題で、私は、二〇〇一年一月、「しんぶん赤旗」の新年対談で、「どうもこの部分には、マルクスが書く予定でいながら書かないままに終わった部分──いわゆる〝ミッシング・リンク（失われた環）〟があるのではないか」との問題提起をしたこともありました。

その〝ミッシング・リンク〟の探索をめざしてとりかかったのが、翌年から連載をはじめた「マルクスと『資本論』──再生産論と恐慌」でした。そのなかで、私は、その時点で入手が可能だったマルクスの全草稿を読みとおし、マルクスが、一八六五年前半に書いた「第二部第一草稿」のなかで、私の疑問にこたえる恐慌の運動論を発見し、その新しい理論がその年の後半に執筆した『資本論』第三部第四篇により詳しく展開されていることを確認したのです。〝ミッシング・リンク〟は予想通り存在したのですが、マルクスが〝書かないままに終わった〟のではなく、マルクスは解決して『資本論』草稿に書き込んだのだが、エンゲルスにも後世の研究者たちにも、見落とされてきたのでした。

この時の研究では、第二部の拡大再生産論や第三部の信用制度をめぐるエンゲルスの編集上の誤りなども、明らかにすることができました。この点では、第二部、第三部の草稿についての大谷禎之介氏の詳細な研究に大いに助けられました。

これらの点を含め、『資本論』の形成過程から明らかになった問題点は、『「資本論」全三部を読む』に、その時点で可能な限りの解説を書き込み、そのことが、この書のひとつの特質となったと考えています。

（二）

しかし、『資本論』の形成過程の研究で、『全三部を読む』に書き込むことができたのは、まだごく一部でした。その後一四年間に、私自身の理解にも、かなり多くの発展がありました。

その要点のいくつかを挙げれば、次のとおりです。

――未来社会の問題。この問題では、第三部第七篇の冒頭に、マルクスの比較的簡潔な記述があります。これまで見過ごされる場合が多かったのですが、『全三部を読む』ではここに注目して、かなり詳細な解説をおこないました（第七冊一五〇～一六二ページ）。しかし、その時は、マルクスがここで展開した未来社会論が、社会主義・共産主義社会についての本論であって、生産物の分配方式の変化を最大の基準にして未来社会を論じた従来の理論（レーニンが『国家と革命』で理論化）と両立するものでないことにまでは、考えがおよびませんでした。この問題は、日本共産党の綱領を改定した二〇〇三～〇四年に全面的な研究をおこない、その成果に立って党綱領の未来社会の諸規定を一新しました。

――恐慌の運動論の発見が『資本論』の内容におよぼした影響は、恐慌の理論をより完全なものにしたという範囲にとどまるものではありませんでした。

この発見まで、マルクスは、恐慌が革命を生むという「恐慌＝革命」説の立場に立っていました。そして、その立場から、『五七～五八年草稿』から六四年に執筆した『資本論』第三部第三篇にいたるまで、「利潤率低下の傾向」が反復する恐慌を生みだし、革命の爆発にいたるという論だての証明にその努力をつくしてきました。しかし、恐慌の運動論の発見は、それが間違った方向だったことの証明ともなったのです。

マルクスは、六六年に『資本論』第一部の完成稿を執筆するにあたり、資本の蓄積過程を論じる第七篇に、「資本主義的蓄積過程の一般法則」を論じる特別の章を書き起こして、資本主義的生産の「必然的没落」をまったく別の角度から論証する新たな理論を仕上げました。その論証では、以前から草稿に登場していた「独自の資本主義的生産様式」という規定が、特別に重要な意義をもったことも、注目する必要がある点です。

――次は、『資本論』の著作構成の変化です。恐慌の運動論の発見も一つの重要な転機になって、ここでも、根本的な変化が進行しました。

一八五〇年代に草稿を書き始めた時には、『経済学批判』(一八五九年)の「序言」に明記していたように、マルクスは、自分の著作の構成について、次のような壮大なプランをたてていました。

「私はブルジョア経済の体制を次の順序で考察する。資本、土地所有、賃労働、そして国家、外国貿易、世界市場。はじめの三項目では、私は近代ブルジョア社会が分かれている三大階級の経済的生活諸条件を研究する」(古典選書『「経済学批判」への序言・序説』一一ページ、新日本出版社)。

そして、最初の巻である「資本」も、さらに四つの部分からなるとされました。次の文章は、最初の草稿の執筆中に、エンゲルスに知らせた「資本」の部分の「概要」です。

「I　資本は四つの篇に分かれる。(a)資本一般。(これが第一分冊の素材だ。)(b)競争、すなわち多数資本の対相互行動。(c)信用。ここでは資本が個々の諸資本に対立して一般的な要素として現われる。(d)株式資本。最も完成した形態（共産主義に移るための）であると同時に資本のあらゆる矛盾を具えたものとしてのそれ」（一八五八年四月二日の手紙　古典選書『マルクス、エンゲルス書簡選集・上』一二一ページ、同前、以下、古典選書『書簡選集』と略記する）。

つまり、一八五七年に書き始めた草稿は、この構想では、六巻からなる著作全体の最初の巻の最初の分冊でしかなかったのです（四分冊中の第一分冊）。

この構想は、次の主要な草稿、『六一～六三年草稿』執筆の後半段階、六二年の年末の時点では、まだ変わっていなかったことが確認されます（クーゲルマンへの手紙、一八六二年一二月二八日　同前二〇五～二〇六ページ）。

しかし、一八六六年初めに、マルクスが『資本論』第一部の完成稿の執筆を開始した時には、事態は急変していました。まず、第一分冊を「資本一般」に限定するという制約がとりのぞかれ、内容が「資本」の巻全体を包括するものに拡大されました。それだけでなく、「資本」、「土地所有」、「賃労働」を別個に考察するという著作全体のプランそのものが修正され、「三大階級の経済的生活諸条件」を総合的に研究することが、『資本論』の主題として設定されることになったのです。著作構想の大転換でした。

そして、第一巻完成稿では、資本主義的生産について、「資本」の側からだけではなく、その変革者である労働者階級の成長・発展の過程からの考察も含まれることになりました。

六二年一二月のクーゲルマンへの手紙から六六年一月の『資本論』第一巻完成稿執筆のあいだの三年間に起こった構想の急変は、『資本論』形成史のなかでも大変重要な意義をもつものです。ここでは、それ以上の詳論はさけますが、その間の六五年前半、第二部第一草稿執筆の冒頭部分で起こった恐慌の運動論の発見が、この急変にいたる起点の一つとなったことは間違いない、と思います。

ここで述べたことを含め、二〇〇三〜〇四年の『「資本論」全三部を読む』刊行以降に明らかになった諸点については、その時々、『古典研究　マルクス未来社会論』（二〇〇四年、新日本出版社）、『「資本論」はどのようにして形成されたか』（二〇一二年、同前）、『マルクス「資本論」発掘・追跡・探究』（二〇一五年、同前）〔＊〕で、詳しい解説をおこなってきました。さらに、経済学の発展と経過的に切り離しがたく結びついていたマルクスの革命理論の足どりは、『マルクス、エンゲルス　革命論研究』（二〇一〇年、同前）で追跡しましたので、ご参照ください。

＊　「マルクス未来社会論の〝発掘〟」、「マルクスの恐慌論を追跡する」、「社会変革の主体的条件を探究する——労働者階級の成長・発展に視点をおいて」の三つの論稿を収録した論集です。

（三）

このように、今回、雑誌『経済』で「『資本論』全三部を歴史的に読む」（雑誌掲載時のタイトル）の連載に取り組むまでには、『資本論』形成史をめぐる研究の新たな蓄積があり、それを、これから『資本論』を読もうという方々に、まとまった形で伝えたいという思いが、連載執筆の根底にありました。一四年前の『全三部を読む』の場合のように、読者とともに『資本論』全三部の全篇全章について通読的な説明をするという問題意識は、今度はもちませんでした。

新たに通読に挑戦しようという方や、より深く理解するために再読しようという方のために、それぞれの部分で、そこにいたる理論的発展の過程を含め、こういう点はぜひ頭において読んでほしいという諸点を系統的に解説する——ここにこの論稿の中心的な問題意識がありました。表題に入れた「歴史的に」の言葉は、その問題意識を表現するものです。

『資本論』の三部には、執筆と形成の過程に、それぞれなりの特徴があります。

第一部は、全三部のうち、マルクスが、自分の手で完成稿として仕上げた唯一の部分で、初版（一八六七年）の刊行後も、第二版（一八七二〜七三年）、フランス語版（一八七二〜七五年）とマルクス自身が改定の作業を重ねました。第三版（一八八三年）はマルクス死後の刊行ですが、そこでの改定も、大部分は、マルクスが書き残した指示にもとづいて、エンゲルスがおこなったものです。それだけに、第一部を読むときには、完成稿を仕上げるにあたって、マルクスが新たに執筆したり、補強・修正した箇所がどこにあるか、それが『資本論』の理論的発展にどういう意義をもつかを把握することが、とくに重要になってきます。

第二部、第三部の場合は、事情が違います。

第二部は、草稿の執筆にとりかかったのが最も遅かったのですが（一八六五年前半）、第一部完成稿を終えてから、七〇年代に第二部草稿の執筆に本格的にとりかかったものの、八〇～八一年の第八草稿を最後に病気で執筆を中断し、完成をみないままにマルクスはその生涯を終えました。現行の第二部は、残された諸草稿からエンゲルスが編集したものです。これを読むときには、こうした事情を考慮する必要があります。

第三部には、また独特の問題がありました。この部の草稿は、マルクスが、『資本論』の最終的構成に到達する以前の時期（一八六四～六五年）に執筆した、もっとも年代の古い草稿で、執筆後、マルクスによる修正や補足の手はまったく入っていません。とくに前半部分（第一篇～第三篇）を書いたのは、恐慌の運動論の発見にいたる前でしたから、利潤率の傾向的低下を資本主義的生産の没落の動因とする立場――マルクス自身がのちに克服した見解がそのまま残っています。後半部分（第四篇～第七篇）は、その見解が克服され、新しい恐慌論を展開した現行『資本論』では唯一の貴重な論述（第四篇）も含んでいますが、信用論（第五篇）や地代論（第六篇）については、マルクスが七〇年代に、アメリカなどでの信用制度の急激な発達やロシアの土地制度の歴史などをあらためて研究しなおし、とくに第六篇は、主題を抜本的に拡大して土地所有の歴史そのものの研究を含むものとする意欲を示し、その準備をおこなっていました。そういう意味で未完の作品だということを念頭におかなければなりません。

三つの部のこうした性格を頭においた上で、この本に書き込んだいろいろな角度からの歴史的探究を、『資本論』通読の参考に活用していただければ、と思います。

(四)

この『「資本論」探究――全三部を歴史的に読む』は、『資本論』刊行一五〇年に当たる二〇一七年に執筆・連載し、マルクス生誕二〇〇年に当たる二〇一八年に出版するという、年代的には独特の歴史的意味をもつ作品となりました。

そのことに私の個人的事情を付け加えますと、二〇一七、一八年というのは、私と妻の上田七加子にとっても、たいへん深い年代的意味をもっています。

昨年は、私が日本共産党に入党して七〇年を迎えた年でしたし、今年は、妻・七加子が同じく入党七〇年を迎える年です。そして二人が結婚したのが一九五三年でしたから、今年二〇一八年は、結婚六五年の記念の年となります。

結婚式を挙げた場所は、私の母校である旧制一高の同窓会館、会費一五〇円で、案内のはがきも二人で手製し、会場の設営も人手を借りずに自分たちでやるという、完全手作りの「結婚式」でした。「式」も、全員が「インタナショナル」をうたい、二人で「結婚の誓い」を述べたあと、皆で歓談するという、ささやかだがあたたかいものでした。新婚旅行などは日程的にも経済的にも問題にならず、式の翌日から、妻は大田区の地区労連へ、私は港区の鉄鋼労連書記局に早朝出勤するという調子で、新婚生活があわただしく始まりました。

考えてみると、二〇一八年というこの年は、「不破哲三」という私の筆名についても、誕生六五年の記念の年にあたります。結婚したその年の秋、党機関誌『前衛』に論文投稿の機会があり、そのさいの筆名として、妻が組合づくりの応援をしていた近所の小事業所から名字を拝借してつくったのがこの名前でした。それが、自分の公的名前となり、国会に当選した時にもその名前での活動が公認され、六五年後の今日なお、その名前でものを書き続けるなどとは、その当時は夢にも思い描かなかったことでした。

それからほぼ三分の二世紀、私と妻は、共通の初心に立ち、生活と活動をひとすじにともにしてきました。

激動の二〇世紀をへて、二一世紀が、さらなる激動を経つつもその志の豊かに実る世紀となることを願いながら、この書を、私たちの結婚六五周年の記念の書とすることを、お許しいただきたいと思います。

不破　哲三

二〇一八年一月

はじめに

今年（二〇一七年）は『資本論』第一巻刊行一五〇年、来年（二〇一八年）はマルクス誕生二〇〇年という、科学的社会主義の理論と運動の歴史にとっては、たいへん意義深い記念の年です。この年にふさわしい主題をと考えて、この表題で筆をとることにしました。

『資本論』全三部読了の機運が広がっているということを、いろいろな方から聞きます。たいへんうれしいことです。私は、この十数年来、マルクスが『資本論』を準備し執筆した歴史、その過程に理論的発展のどのような曲折と到達があったかを研究してきましたが〔＊〕、その立場から、『資本論』全三部を読むときに、こういう点はぜひ頭に置いてほしいと考えることがいろいろありました。それらの点を、全三部の順を追ってまとめ、これから通読に取り組む方々の参考にしてほしい、これがこの連載にかけた私の思いです。表題に「歴史的に」と書いたのは、〝執筆の歴史を頭に置いて〟という趣旨だと、ご了解ください。

＊　その最初の時期のものが、『マルクスと「資本論」――再生産論と恐慌』（全三巻、二〇〇三

年、新日本出版社）および『「資本論」全三部を読む』（全七冊、二〇〇三～〇四年、同前）です。後者は、二〇〇二年一月～一二月に日本共産党本部でおこなった「代々木『資本論』ゼミナール」（一二回）の講義録を整理・補筆したものでした。

序説　全三部通読の前に

（1）第二版「あと書き」の二つの文章を読む

『資本論』の最初の巻の冒頭に、マルクスとエンゲルスが、各版のために書いた「序言」や「あと書き」が収録されています。それぞれ重要なことを書き込んだ文章なので、本文に入る前に一通りは目を通してほしいのですが、そのなかでも、ここでとくに取り上げたいのは、マルクスが初版発行の六年後、第二版刊行（一八七三年）にあたって書いた「あと書き」です。そこには、『資本論』全三部を通読する際に、一貫して頭に置いてほしい二つの文章があるからです。

専制ロシアで『資本論』が検閲を通過した

この「あと書き」のなかで、マルクスは、『資本論』第一部のロシア語訳が一八七二年春にロシアの首都ペテルブルクで刊行されたことを紹介しています。訳者はダニエリソーンとロパーチン〔＊〕で、刊行部数は三〇〇〇部、『資本論』初版のドイツでの刊行部数が一〇〇〇部でしたから、その三倍にもなる規模でした。ツァーリズム・ロシアの厳重な検閲制度のもとで、よくも

『資本論』という〝危険な〟書物の出版が許されたものだと思いますが、検閲を通過した最大の理由は、〝内容が難しすぎて普通の読者には理解できないだろう〟ということだったといいますから、検閲官のなかにもなかなか気の利いた人たちがいたのでしょう。

＊ダニエリソーンとロパーチン　ダニエリソーン（一八四四～一九一八）は、ナロードニキに属するロシアの経済学者、ロパーチン（一八四五～一九一八）はロシアの革命家でインタナショナルの評議員でした。『資本論』第一部は、大部分、ロパーチンが訳しましたが中途で逮捕され、シベリアに流刑となったので、あとをダニエリソーンが引き受けたのでした。ダニエリソーンは、この翻訳の仕事に関連して、マルクスとのちにはエンゲルスとの間で文通を開始し、一八八五年には『資本論』第二部の、一八九六年には第三部のロシア語訳をそれぞれ刊行しました。ダニエリソーンは、ロシア国内では、ニコライ・オンのペンネームでナロードニキの理論家として活動しており、一八九〇年代には、レーニンをはじめロシアのマルクス主義派と激しい論争を展開しました。この間の事情は、不破『古典への旅』（一九八七年、新日本新書）の「ロシア問題とレーニン」（二〇四～二一六ページ）を参照してください。

マルクスは、一八七二年六月、検閲通過のこの事情を、ニューヨークで活動していたインタナショナルの同志ゾルゲに、次のように書き送っています。

「私の本のロシア語訳（みごとなできばえ）についてロシアから次のような手紙［ダニエリ

ソーンの手紙」がきています。

『検閲では二人の検閲官がこの著作を担当して彼らの決定を検閲委員会に提出しました。検閲以前にすでに原則的に確定していたのは、この本は単に著者の名だけによって抑止されるべきではないが、しかし、それがどの程度までその表題に実際に一致しているかを精密に検査しなければならない、ということでした。次に述べるのが、検閲委員会が全員一致で採用して主務官庁の判定のために提出した決定の要旨です。

〝この著者はその信念からすれば完全な社会主義者であり、またこの著書そのものもまったく明確な社会主義的性格を帯びてはいるが、叙述がけっしてだれにでも理解されるものとは言われえないということ、および、他面から見れば叙述が厳密に数学的に科学的な論証の形式を具えているということを考慮して、本委員会は、この著書の訴追は不可能であることを言明する。〟』こういう次第でこの本は世間に出る旅券を与えられました。印刷部数は三〇〇〇です。それがロシアの公衆の前に出たのは三月二七日ですが、五月一五日にはすでに一〇〇〇部売れていました」（マルクスからゾルゲへ、一八七二年六月二一日　古典選書『書簡選集・中』一一八～一一九ページ）。

そしてその数ヵ月後、マルクスが第二版への「あと書き」を書いた時点（一八七三年一月）では、「いまではもうほとんど売り切れている」（『資本論』新日本新書版①二二ページ、〔Ⅰ〕24ページ〔＊〕）と述べています。ロシアでの『資本論』は、当のドイツを大きく上回る規模とテンポでの普及ぶりをみせたのでした。

＊　『資本論』の引用は、邦訳は新日本新書版（以下は分冊番号とページ数のみ記す）とヴェルケ版の巻数（ローマ数字で）とページ数を記します。

ロシアの経済学者がマルクスの弁証法を絶賛

マルクスは、「あと書き」のなかで、『資本論』ロシア語版にたいするロシアの経済学界の反応に注目しています。フランスやドイツでの反応が多くはきわめて皮相なもので、経済学に取り組むマルクスの方法に注目した論稿がまったくなかったのにたいし、ロシアの経済学界の反応はきわめて積極的なもので、なかには、マルクスの方法そのものを正面から分析して、その内容を詳細に解説してみせた論者がいました。その論者とは、経済学者I・I・カウフマン〔＊〕で、彼は、雑誌『ヴェーストニク・エヴロープィ（ヨーロッパ報知）』（一八七二年五月号）に発表した論文「カール・マルクスの経済学批判の見地」で、マルクスの立場を「経済学批判の仕事での彼のすべての先駆者よりも、無限にもっと実在論者である」と特質づけたうえで、マルクスの経済学研究の方法についてのみごとな総括をおこなってみせたのです。

＊　**カウフマン**（一八四八〜一九一六）　サンクト・ペテルブルク大学の教授。マルクスはのちに、

カウフマンの著書『価格変動の理論』（一八六七年）を読んで、彼の経済学的立場に「俗流経済学の標識」を見いだして、いささか失望した調子の手紙をエンゲルスに送りました（一八七七年八月一日　全集㉞五八ページ）。さらに、一八七九年には、当のカウフマンから送られてきた『銀行業の理論と実際』（一八七三年）を読んで、その驚きを、ダニエリソーンに、率直なことばで、次のように書きました。「私が些か驚かされたのは、ペテルブルクの『ヴェーストニク・エヴロープィ』におけるかつての私の聡明な批判者が現代の取引所投機の一種のピンダロスに一変した、ということでした」（一八七九年四月一〇日　古典選書『書簡選集・中』二〇一ページ）。ピンダロスとは、古代ギリシアの抒情詩人で、マルクスは、いろいろな現象の無批判的礼賛の文章を書く人物にたいし、このあだ名を呈することがよくありました。

第一の文章。研究と叙述の弁証法的方法

マルクスは、「あと書き」のなかで、マルクスの方法を紹介したカウフマンの文章を数ページにもわたって引用し、続けて次のように語ります（ここでは、カウフマンの引用文は省略しますが、マルクスの文章の理解のためにも、ぜひそれを読んでおいてほしいと思います）。

「この筆者は、私の現実的方法と彼が名づけるものを、このように的確に描き、その方法の

私個人による適用にかんする限り、このように好意的に描いているのであるが、こうして彼の描いたものは、弁証法的方法以外のなんであろうか?

もちろん、叙述の仕方は、形式としては、研究の仕方と区別されなければならない。研究は、素材を詳細にわがものとし、素材のさまざまな発展諸形態を分析し、それらの発展諸形態の内的紐帯《ちゅうたい》をさぐり出さなければならない。この仕事を仕上げてのちに、はじめて、現実の運動をそれにふさわしく叙述することができる。これが成功して、素材の生命が観念的に反映されれば、まるである〝先験的な〟構成とかかわりあっているかのように、思われるかもしれない」(①二七ページ、〔I〕27ページ)。

ここには、マルクスの研究と叙述の弁証法が、深い内容をもって記述されています。マルクスがここで求めているのは、次の四つの点です。

第一。研究の対象である素材を詳細にわがものとすること。

第二。そのうえで、素材のさまざまな発展諸形態を分析すること。

第三。こうして分析した発展諸形態の内的紐帯を探りだすこと。

第四。これらすべてをやりとげたうえで、現実の運動をそれにふさわしく叙述すること。

マルクスは、経済学のこうした方法を、最初から自分のものとして、その著作の執筆を開始したわけではありません。ここで定式化して読者に見せた研究と叙述の方法を身につけるまでには、多くの試行錯誤を含む長い探究の歴史がありました。そして、『資本論』第一部の完成稿を書き、その第二版を刊行した段階で、その理論的苦闘の到達点に立って、自分の弁証法的方法はここにあるということを、確信をもってきわめて簡潔な言葉にまとめてみせたのです。

私たちは、これから、『資本論』全三部を読み進んでゆくことになります。そこには、未完成の部分や、マルクス自身がすでに乗り越えた見地が表明されている部分などもありますが、その圧倒的部分は、マルクスがその方法を駆使して完成させた論考です。

ですから、私たちも、商品＝貨幣の世界を分析した『資本論』第一部冒頭の部分を読むときにも、資本と賃労働の関係を論じた部分、資本の蓄積過程を論じた部分を読むときにも、あるいは第二部の再生産論、第三部の信用論、地代論など、資本主義的生産様式のさまざまな諸部面を論じる部分を読むときにも、このことを頭において、この部分では、マルクスがどのような素材を詳細にわがものにしたのだろうか、そしてそこにどのような発展諸形態を見いだし、それをどのような規定や概念で表現したのだろうか、それらの諸形態のあいだにどのような内的紐帯を探り出したのだろうか、こういうことを自問自答しながら、進んでゆきたいと思います。

第二の文章。資本主義社会を歴史の発展のなかでとらえる

マルクスは、いま読んだ文章に続けて、自分の弁証法とヘーゲルの弁証法の違いについて語ります。

ヘーゲルは、「弁証法の一般的な運動諸形態をはじめて包括的で意識的な仕方で叙述した」先駆者ではありますが、観念論的哲学者として、弁証法を神秘化し、思考過程を「理念」の名のもとに自立的な主体にまつりあげ、思考過程が現実的なものの創造者だとしました。だから、「神秘的な外皮」のなかにある「合理的な核心」を発見するためには、ヘーゲルの逆立ちした弁証法をひっくり返さなければなりません。マルクスがやったのは、まさにこの課題でした。

ヘーゲル的な形態では、弁証法は、「現存するものを神々《こうごう》しいものに」見せかける便法として歓迎されもしましたが、神秘化の外皮から解放された合理的な弁証法は、現実世界でまったく反対の役割を果たすものに変わりました（以上は、①二八〜二九ページ、〔Ⅰ〕27〜28ページのヘーゲル弁証法論の要約）。

マルクスは強調します。

「その合理的な姿態では、弁証法は、ブルジョアジーやその空論的代弁者たちにとっては、忌まわしいものであり、恐ろしいものである。なぜなら、この弁証法は、現存するものの肯定的理解のうちに、同時にまた、その否定、その必然的没落の理解を含み、どの生成した形態をも運動の流れのなかで、したがってまたその経過的側面からとらえ、なにものによっても威圧されることなく、その本質上批判的であり革命的であるからである」（①二九ページ、〔Ⅰ〕28ページ）。

私が、『資本論』全三部を読むうえで指針としたい第二の文章は、マルクスのこの文章です。

ここでは、マルクスが『資本論』で展開した経済学の内容の特質が、きわめて鮮明な言葉で語られているからです。

マルクスの経済学は、資本主義社会の現在の状況の単なる解剖学ではありません。この文章が表現しているのは、この経済学は、資本主義社会を過去から未来にいたる人間社会の歴史のなかでとらえ、資本主義社会の発展と没落の全経過を解明する経済学だということです。そのことが、「肯定的理解」と「必然的没落」という二つの言葉にこめられています。

現存するもの、すなわち資本主義社会の「肯定的理解」とはなにか。それは、資本主義が、人間社会の歴史のなかで、どのような役割をはたし、社会にどのような進歩をもたらしたのか、そのことを解明するということです。

「必然的没落」の理解とは何か。それは、資本主義社会が、その発展のなかで、どのような矛盾や危機を生み、変革の諸条件をつくりだし、どのような新しい社会に交代するのか、を明らかにするということです。

このことは、『資本論』全三部を読み進めるなかで、おのずからはっきりしてきます。そこに登場するのは、研究対象である資本主義の社会だけではありません。論述の各所で、古代の原始共同体社会から奴隷制社会、中世の封建社会がふりかえられ、過去と比較する角度から、資本主義社会の「肯定的」側面が問題にされます。また、商品＝貨幣の世界を分析する『資本論』第一部の最初の篇から、未来の共同体社会、共産主義社会が登場し、現代社会とはどこが違うのかが論じられます。その意味では、『資本論』は、過去から未来にわたる興味深い歴史書にもなっているのですが、最も大事なことは、資本主義社会が次のより高度な社会に交代する必然性をもった〝経過的〟な社会であることの解明にあったということでした。だからこそ、マルクスは『資本論』のなかで、未来社会＝共産主義社会についてくりかえし語ったのであり、社会変革に向かう労働者階級の役割を基礎づけたのでした。

日本のマルクス主義経済学の諸〝流派〟のなかには、『資本論』のこうした部分を〝非学問的〟部分として除外して読む、という〝流派〟もありますが、これは、まさにマルクスの〝非マルクス的〟読み方と言うべきでしょう。

（2）『資本論』の準備と執筆の歴史を頭におく

全三部の通読の前に頭においてほしいもう一つの問題があります。

それは、最初に読む『資本論』第一部が、ほぼ一〇年間にわたる準備と執筆を通して書かれた著作であって、その準備と執筆の歴史が、私たちがいま読んでいる『資本論』全三部に強く反映している、ということです。

だから、その歴史をまず知ってほしいのです。

『資本論』はどういう順序で準備・執筆されてきたか

（一）マルクスが、長年の研究の成果を経済学の著作にまとめようという意志を最終的に定め、執筆にとりかかったのは、一八五七年のことでした。五七年八月に「序説」と題する最初の部分を書き、五七年一〇月～五八年六月にかけて本体部分を書きました（ノート全七冊）。これが、『五七～五八年草稿』と呼ばれている最初の草稿です。

この草稿をふまえて、最初に刊行した著作が、『経済学批判　第一分冊』（一八五九年六月刊行）。その内容範囲は、現在の『資本論』の第一部の「第一篇　商品と貨幣」に対応しますが、数章の問題別学説史がくわわっています。

続いて、『経済学批判』の続刊の草稿として、一八六一年八月～六三年六～七月に『六一～六三年草稿』（ノート全二三冊）を書きました。

（二）一八六三年八月、表題を『資本論』に変更して、新しい草稿の執筆を開始しました。その執筆順序は、次の通りです。

六三年八月～六四年夏　　第一部初稿（全六章）。草稿は、「第六章　直接的生産過程の諸結果」しか残っていません。

六四年夏〜年末　**第三部第一章〜第三章**〔＊〕。
六五年前半　第二部第一草稿。
六五年夏〜一二月　**第三部第四章〜第七章**〔＊〕。
六六年一月〜六七年四月　**第一部完成稿**（六七年六月に付録「価値形態」執筆）。
（第一部はその後、七二〜七三年に第二版、七二〜七五年にフランス語版で補正、さらに八一年には第三版の補正準備をおこない、現行版にもその主要点が反映している）。
六五年〜八一年　**第二部第二〜第八草稿**執筆。
八三年三月　マルクス死去。
八五年五月　第二部発行（第二〜第八草稿からエンゲルスが編集）。
九四年一二月　第三部発行（草稿からエンゲルスが編集）。

＊　第三部は、草稿は全部「章」立てになっていますが、エンゲルスの編集の際に、第一部にあわせて、「篇」立てに変更されました。

このうち、現行『資本論』各巻の母体となったのは、以上の年表のうち、太字で表わしたものです。

(三)　次に、現行『資本論』全三部の各巻について、マルクスが原稿あるいは草稿をいつ執筆したかを整理してみます。

『資本論』第一部完成稿　六六年一月〜六七年四月（その後も八一年まで手を入れ続けた）。

『資本論』第二部　マルクスが六五〜八一年に書いた七つの草稿からエンゲルスが編集した。

『資本論』第三部　第一篇〜第三篇　マルクスが六四年夏〜年末に執筆。エンゲルスが編集。

同　第四篇〜第七篇　マルクスが六五年後半に執筆。エンゲルスが編集。

第三部第三篇に理論の〝古い地層〟に属する旧稿が残った

この年表で分かるように、私たちがいま読んでいる『資本論』は、きちんと第一部→第二部→第三部という順序で書かれたものではありません。いま執筆の年次をあらためてまとめてみたのは、年次によって、草稿の完成度に違いがあるからです。

マルクスが最後まで執筆したのは、第一部だけで、ここには、マルクスが第三版（マルクス死後の一八八三年一一月刊行）のために準備した部分的な訂正や「注」の書き加えまで、反映されています。

第二部、第三部は、マルクスの死後にエンゲルスが残された草稿をもとに編集したもので、編集過程に検討すべき問題はそれなりにありますが（この点は、それぞれの部を読むときに説明するつもりです）、最大の問題は、最も古い草稿である第三部第一篇〜第三篇にあります。

マルクスは、この部分については、『六一～六三年草稿』のなかで、まとまった草稿を書いたことがあるので、その部分をより本格的に仕上げればよいと考え、第一部草稿の後、第二部よりも先に、第三部の冒頭部分に筆をすすめたのだと推定されます。

ところが、それを書き終えて、一八六五年初めに、第二部第一草稿を書き始めたところ、最初の「資本の流通」の章で、マルクスは思いもかけない発見をしてしまったのです。

それは、長年、懸案として探究を重ねてきた〝恐慌の運動論〟〔＊〕の発見でした。その内容は、あとでそれが問題になるところで説明することにしますが、それは、『資本論』の構成の全体に大きな影響をおよぼす重大な意義をもちました。恐慌論そのものも、第三部第三篇では従来の延長線上で論じていましたから、当然、論の変更が必要になります。しかし、問題はそれにとどまらず、資本主義の今日の発展段階の評価から、「必然的没落」、すなわち社会変革への過程のとらえ方まで含め、マルクスの経済学の全領域に新たな考察を求めるものだったのです。恐慌問題などについて、この発見以前に書かれた草稿は、いわば〝前史〟的な段階に属する〝旧稿〟とでも評価しなければならないことになりました。

＊　**恐慌の運動論**　マルクスの恐慌論としては、「恐慌の可能性」と「恐慌の根拠」（恐慌の根底に資本主義的生産のどのような矛盾があるか）の究明がこれまで問題になってきましたが、それだけでは、恐慌がどうして周期的に起こるかの説明ができません。恐慌が起こる仕組みを究明し、それがなぜ周期的に起こるか、その理論がどうしても必要でした。マルクスはそれ以前からこの

問題の探究をしてきましたが、最終的な結論に到達したのが、一八六五年に執筆した第二部第一草稿でした。「運動論」というのは、不破がつけた名称です。

現行の『資本論』でマルクスがこの「運動論」について、自分の言葉で詳細な説明をしているのは、第三部第四篇の商人資本の研究のなかでです。ですから、本書でも、そこで詳しい解説をする予定にしていますが、そこにいたる途中で、「運動論」にふれないと話が通じない場面に何度か出合います。そういう場合には、詳しくは第三部に譲るとして、できるだけ短い解説で済ますことにならざるをえないことを、ご了承ください〔＊〕。

＊ **連載を終わった時点での注** ここで予告した場面は、連載の実際の過程でくりかえし起こりました。第二部第一篇の「資本の循環」の解説の部分で、早くも、マルクスが第二部第一草稿で発見した「運動論」の原文をそのまま紹介せざるを得なくなりましたし（本巻一七八〜一九二ページ）、恐慌論の三つの構成部分というとらえ方についても、何度かふれることになりました。結果的には、このとらえ方については、マルクス自身が恐慌論の本格的展開の場と想定していた第二部第三篇の後半部分に関連した考察が、いちばん立ち入った解説となりました（本巻二四六〜二五二ページ）。

ところが、エンゲルスは、第二部第一草稿が理論的転換につながる重大な発見を含んでいることに気付かず、第二部の編集にあたって、この草稿を「利用」できないものとして見捨ててしまったのでした。

「一八六五年または一八六七年のものと推定される第一草稿（一五〇ページ）は、現在の区分での第二部の最初の独立の、しかし多かれ少なかれ断片的な論稿である。これからも利用はできなかった」（エンゲルスの第二部への「序言」、⑤八ページ、〔Ⅱ〕11ページ）。

マルクス自身は、第二部第一草稿の執筆をほぼ終えた時点でおこなったインタナショナルの中央評議会の会議での講演（「賃金、価格および利潤」）で、すでに新しい見地で資本主義社会や闘争の展望を論じました。そして、一八六五年夏に書き始めた第三部後半の最初の章、「商人資本に関する章（第四篇）では、商人資本の役割に焦点を当ててはいるが、新しい見地での恐慌論を、第二部第一草稿よりもさらに立ち入った内容で展開したのでした。この経過にも現われているように、マルクスの一八六五年の理論的転換は、インタナショナル（国際労働者協会）の形態で労働者階級の運動の国際組織へのマルクスの参加およびそこでの指導的活動の時期と重なっていました〔＊〕。これは、ただの偶然ではなく、根底には、マルクスの理論活動と革命的実践との結合という問題があることを見る必要があると思います。

＊　**インタナショナル（国際労働者協会）**　一八六四年九月、イギリスとフランスの労働者の発意で、ロンドンで国際的労働者集会が開かれ、そこで労働者階級の国際組織をつくることが決議されました。これが、国際労働者協会（インタナショナル）の創立でした。マルクスは、中央評議会（のちの総評議会）の一員に選出され、次第に指導的な役割を担うようになってゆきます。一八七〇年のパリ・コミューンの暴力的な鎮圧のあと、一方では、ヨーロッパ大陸での反インタナ

ショナルの暴圧、他方では、内部でのバクーニン主義者の組織破壊活動がはげしくなります。そのなかで、インタナショナルは、一八七三年九月、オランダのハーグで開いた大会で、総評議会のニューヨークへの移転を決定し、九年間にわたる活動に事実上の終止符を打ちました。

一八六五年の発見の意義が明らかになった現在では、一八六五年以前に書いた第三部の最初の部分（第一篇～第三篇）について、この時期の正確な評価なしに字面通りに読んでしまうと、不条理な迷路に引き込まれることにもなります。この点は、第三部を読むところで詳しく説明するつもりですが、ここにも「歴史的に読む」ことの重要性が現われている、と言えるでしょう。

なお、マルクスは、執筆中の『資本論』第二部、第三部の内容について、生前、エンゲルスにはほとんど報告しませんでした。再生産論や地代論について新たな重大な発見をした時には喜んで報告しているのですが、それ以外には、第二部、第三部のあらすじを手紙に書いたことがあるだけで（一八六八年四月三〇日、古典選書『書簡選集・中』四二～四九ページ）、あとは進行状況についても沈黙を守っていました。ですから、エンゲルスは、マルクスの死後、はじめて目にする膨大な草稿を手にして、その草稿の編集に苦闘を重ね、第二部、第三部編集の仕事を自身が死を迎える数ヵ月前に、ようやくやり遂げたのでした〔＊〕。

そういう事情ですから、エンゲルスの編集の結果には、若干の部分ですが、いまから見れば、見直しを必要とする所が出てきますので、これらの点についても、その箇所で説明することにします。

なお、マルクスが『資本論』をどのように準備し、執筆したかを示す「年譜（マルクス死後の、『資本論』にかかわる略年表も含む）」を、本書下巻に収録します。

＊ **エンゲルスの苦闘ぶり**　第二部、第三部の編集でのエンゲルスの苦闘の状況は、『エンゲルスと「資本論」』（一九九七年、新日本出版社）のなかで詳しく紹介しました。第二部については、「第四編　マルクスの死後――『資本論』第二部」（上・三三九～四四〇ページ）、第三部については、「第五編　『資本論』第三部の編集」（下・一一～二八二ページ）を参照してください。

以上を前置き的に理解していただいて、次章から、いよいよ全三部の本文に進んでゆきたいと思います。

なお、社会科学研究所編集の『資本論』でも、新書版には、いろいろな言葉の訳語で統一されていない場合などがあります。上製版ではかなり補正されていますが、新書版で読んでいる読者が多いと思うので、必要な場合には、訳語についても補正・解説をおこなうことにしました。

I

『資本論』第一部を読む

（1）「商品と貨幣」の篇は四回も書き換えられた

最初の草稿は一八五七年に執筆

『資本論』第一部は、全三部のうち、最も完成度の高い部分です。とくに、最初の「第一篇　商品と貨幣」は、『五七～五八年草稿』で最初の草稿を執筆して以来、実に四回にもわたって、大きな書き換えをおこない、私たちがいま読んでいるのは、一八七三年の第二版の刊行のさいに、実に四回目の書き換えで仕上げられたものです。

その経緯をざっと見ておきましょう。

『五七～五八年草稿』の商品・貨幣論は、一八五七年一〇月～一一月に書かれたもので、貨幣そのものを論じた部分はかなり詳しいのですが、商品論はまだ、使用価値という概念も出てこない、きわめて初歩的な論稿でした。

次が、一八五八年八月～五九年一月に書きあげた、『経済学批判　第一分冊』（一八五九年六月刊行）です。商品を交換価値と使用価値の統一ととらえる見地や、その根底に人間労働の二重性を見る見地などは、すでにはっきりした内容で登場しますが、価値形態論などは、いわばそこに接近する最初の段階に属するもので、まだまだ粗削りなものでした。

『六一～六三年草稿』は、マルクスが『経済学批判』の続編のつもりで書き始めたものですから、ここには、まとまった形での商品論や貨幣論はありません。また、一八六三年八月から六四年夏までに、『資本論』と表題をあらためて書いた第一部初稿は、表題は変えたものの、中身は『経済学批判』の続編として考えたようで、この時も、「商品と貨幣」の新稿は書かれませんでした〔＊〕。

＊　**第一部初稿**　この草稿は、現在、最終章の「第六章　直接的生産過程の諸結果」しか残っていません。第一章～第五章の草稿は、失われたのではなく、のちに完成稿を書くときに、新たな書き込みや修正の手を入れる形で〝消費〟されてしまったのだ、と推定されます。

『資本論』初版。校正刷りを読んでのエンゲルスの忠告

ですから、マルクスが、「商品と貨幣」の部分の三回目の執筆をおこなったのは、一八六六年一月、『資本論』第一部の完成稿においてでした。『経済学批判』刊行から数えてほぼ七年ぶりの

執筆でした。この時書きあげたものは、構成は現行のものにかなり近づいていましたが、「第一章　商品」の部分は、節の区分もなしに書き流した大長編でした。一八六七年四月には全巻を書きあげて、ハンブルクの出版業者マイスナーのところにゆき、印刷が始まりました。その校正刷りをエンゲルスに送って意見を求めたところ、最初の「商品と貨幣」の篇について、〝内容には大賛成だが、この形式では大多数の読者には理解しにくいだろう〟という手紙が返ってきました。たいへん大事な忠告でしたから、かなり長いものですが、エンゲルスの手紙のその部分をここで紹介しておきます。

「一週間まえからムッシュー・ゴットフリート〔＊1〕とのいろんないさかいやその他の似たような雑事やごたごたに妨げられて、価値形態を勉強するための静かな時間がほとんどなかった。そうでなければ、もうとっくに数ボーゲン〔＊2〕を送り返していたのだが。第二ボーゲンはことにヨウに悩まされた痕跡〔＊3〕を帯びているが、もう改める必要はないし、また付録でもうこれ以上それについて書くこともないと思う。というのは、俗人たちはなんといってもこの種の抽象的な思考には慣れていないのだし、おそらく価値形態のために苦労してはくれないだろうからだ。せいぜい、ここで弁証法的に得られた結果がもう少し詳しく歴史的に論証され、いわば歴史によってそれが検証されるだけでよいだろう。といっても、そのためにどうしても必要なことはすでに述べられているのだが。しかし君はこれについては材料をたくさんもっているのだから、おそらくそれについてもうひとつまったく適切な余論〔＊4〕を書くことができるだろう。つまり、それによって、俗人たちのために歴史的な方法で貨幣形成の必然性やそのさいに現われる過程を示すわけだ。

君のやった大きな失策は、これらの比較的抽象的な諸展開の思考の道筋をもっと細かい区分や別々の見出しでわかりやすくしなかった、ということだ。君はこの部分を、ヘーゲルのエンチュクロペディーのようなやり方で短い段落で取り扱ったり、それぞれの弁証法的な移行を別々の見出しで目立たせたり、できれば余論やたんなる例解はすべて特別な字体で印刷したりすればよかったろう。そうすれば、この本はいくらか学校教師風に見えたかもしれないが、非常に大多数の読者にとっては理解が根本的に容易にされたことだろう。民衆は、学識者でさえも、ちょうどこういう考え方にはもはやまったく慣れていないのだから、彼らにはできるだけわかりやすくしてやらなければならないのだ。

以前の叙述（ドゥンカー〔＊5〕）に比べれば、弁証法的展開の鋭さという点での進歩は非常に大きいが、叙述そのものでは僕には最初の姿でのそれのほうがよいと思われる点もかなりある。まったく残念なのは、ちょうどこの重要な第二ボーゲンがヨウの圧迫に悩まされているということだ。だが、もはや改める必要はない。そして、弁証法的に考える能力のある者ならば、とにかくそれはわかるのだ。そのほかのボーゲンは非常にけっこうで、大いに僕を喜ばせた」（エンゲルスからマルクスへ、一八六七年六月一六日　全集㉛二五三～二五四ページ）。

＊1　ゴットフリート　姓はエルメンで、マンチェスターのエルメン＝エンゲルス商会の共同所有者。

＊2　**ボーゲン**　印刷用紙の数え方で、一ボーゲンは一六ページ分。

＊3　**ヨウの痕跡**　マルクスは、『資本論』の完成がおくれた理由に、ヨウの痛みに悩まされたことをあげていました（エンゲルスへの一八六六年二月一三日の手紙など。全集㉛一四八～一四九ページ）。

＊4　**適切な余論**　エンゲルスがここでいう価値形態にかかわる歴史は、次の章「交換過程」の主題となっていました。おそらくその部分の校正刷りは、エンゲルスの手元にまだ届いていなかった、と思われます。

＊5　**以前の叙述**　『経済学批判』（一八五九年）のこと。その出版者が、ドイツの政論家で出版業者のドゥンカー、フランツ・グスタフ（一八一一～八八）でした。

マルクス、忠告を受けて付録「価値形態」を書く

マルクスは、エンゲルスのこの忠告を入れて、第一部に「価値形態」と題する「付録」を書くことにしました〔＊〕。ですから、初版の読者は、「価値形態」論を、本文と「付録」とで二回読まなければいけないことになったのでした。

＊　**もう一人の忠告者**　マルクスは、ハンブルク滞在中は、クーゲルマン〔＊〕の家に寄宿し、そ

こで校正刷りを見ており、そのクーゲルマンからも、ほぼ同趣旨の忠告を受けたようで、第二版の「あと書き」では、忠告者として、クーゲルマンの名前だけを挙げています。エンゲルスの名を挙げていないのは、マンチェスターの工場経営者というエンゲルスの立場を考慮してのことです。

＊ **クーゲルマン**、ルードウィッヒ（一八二八〜一九〇二）。ドイツの医師で、一八六二年以後、マルクスと文通を続けてきた友人。『資本論』の出版・普及に協力し、インタナショナルにも参加しました。一八七四年以後、マルクスが実践活動から離れて経済学の著作に専念すべきことを主張したのを契機に、文通がとだえますが、マルクスの死後、エンゲルスとのあいだで文通が再開しました。

ここで、そのことをエンゲルスに知らせたマルクスの手紙（一八六七年六月二二日）も、掲載しておきます。

「価値形態の展開について言えば、君の忠告に従ったり従わなかったりした。この点でもまた弁証法的にふるまうためにだ。すなわち、僕は、⑴同じ事柄をできるだけ簡単に、できるだけ学校教師的に説明するための付録を書き、⑵君の忠告に従ってそれぞれの前進命題に別々の見出しをつけて§§などで区分した。それから序文のなかで『弁証法的でない』読者にたいして、x―yページをとばしてそのかわりに付録を読むように、と書く。ここで相手にするのは、たんに俗人だけではなく、知識欲に燃えた若者などもある」（全集㉛二五六ページ）。

続いてマルクスは、価値形態論の決定的な意義について語ります。

「この問題はこの本全体にとってあまりにも決定的だ。経済学者諸氏はこれまで次のようなきわめて簡単なことを見落としてきた。すなわち、二〇エレのリンネル＝一枚の上着、という形態は、ただ、二〇エレのリンネル＝二ポンド・スターリングという形態の未発展の基礎でしかないということ、したがって、商品の価値をまだ他のすべての商品にたいする関係としては表わしてはいないでただその商品自身の現物形態とは違うものとして表わしているだけの、最も簡単な商品形態が、貨幣形態の全秘密を含んでおり、したがってまた、労働生産物のいっさいのブルジョア的な形態の全秘密を縮約して含んでいる、ということがそれだ。僕の最初の叙述（ドゥンカー）では、価値表現の本来の分析をそれが発展して貨幣表現として現われてからはじめて与えるということによって、展開の困難を避けたのだ」（同前二五六～二五七ページ）。

マルクスのこの自己分析は、あとで実際に価値形態論を読むときに、必ず役に立つと思います。

『資本論』第二版での総仕上げ

第二版は、初版から六年たった一八七三年六月に刊行されましたが、そのさい、マルクスが最も念入りの改定作業をおこなったのは、「あと書き」の冒頭に書いているように、「商品と貨幣」の篇の第一章、商品論の部分でした（読者の便宜のために、マルクスが指摘した訂正・加筆の箇所を、引用文のなかに角括弧で付記しました）。

「第一章第一節では、あらゆる交換価値がそれで表現される諸等式の分析による価値の導出が、科学的にいっそう厳密に行なわれており〔①六四～六六ページ、〔Ⅰ〕51～53ページ〕、また、初版では暗示されただけの、価値実体と社会的必要労働時間による価値の大きさの規定との連関が、はっきりと強調されている〔同前六七ページ～六八ページ、同前54ページ〕。第一章第三節（価値形態）は、すでに初版の二重の叙述から見て必要とされたことであるが、まったく書き換えられている〔同前八〇～一二一ページ、同前62～82ページ〕。……第一章の最後の節『商品の物神的性格……』は大部分書き換えられている〔同前一二三ページ～一二九ページ、同前86ページ～91ページ、一三一ページ～一三三ページ、同前91ページ～92ページ〕」（同前一五ページ、同前18ページ）。

商品論での訂正・加筆のほかに、マルクスが指摘しているのは、第三章第一節（価値の尺度）を綿密に修正したこと、第七章（剰余価値率）の第二節をいちじるしく書き換えたことのほかは、全体として篇や章の分け方を見やすくしたことだけでした。何しろ、初版では、節などの区分が圧倒的に少なく、「機械と大工業」（第四章第四節）などは、ドイツ語原本で一五〇ページ（邦訳新書版で二二八ページ）にもわたる長大な論稿を、なんの節区分もつけずに掲載していたのですから、これは誰からも歓迎される改革だったでしょう。

ともかく、第二版の刊行にあたって、マルクスが内容的な改定の作業を集中したのは、第一篇第一章の「商品」論だったのであり、マルクスは、実に商品論の四回目の書き換え、いわばその総仕上げの努力をおこなったのでした。この意味でも、「商品と貨幣」の篇全体が、『資本論』全体のなかで、最も完成度の高い部分と位置づけることは、決して言い過ぎではない、と思います。

（2）「第一篇　商品と貨幣」を読む

冒頭の一節の内容解説

『資本論』の本文は、次の文章から始まります。

「資本主義的生産様式が支配している諸社会の富は、『商品の巨大な集まり』として現われ、個々の商品はその富の要素形態として現われる。それゆえ、われわれの研究は、商品の分析から始まる」（①五九ページ、〔Ⅰ〕49ページ）。

今回の論稿の主題は、『資本論』の内容解説ではなく、〝歴史的に読む〟場合の注意点を説明することに中心をおきますが、『資本論』冒頭のこの一節だけは、内容解説を少しさせてもらいたいと思います。

マルクスは、ここでまず、これから研究するのが、社会一般ではなくて、「資本主義的生産様式が支配している諸社会〔＊〕」だということを、前面に押し出しています。これは、アダム・スミスやリカードゥなど、これまでの古典派経済学の理論家たちと決定的に違う点です。古典派経済学者たちは、資本主義社会を扱いながら、それが人間社会の一般的な形態であって、過去の諸社会はそこにいたる未発展の段階だと思い込んでおり、ましてや、社会発展の前途に、現在の社会を越えるより高度な社会が登場するだろうことなど、夢にも考えませんでした。そういうなかで、マルクスは、冒頭の一句で、自分の研究の対象が社会一般ではなく、「資本主義的生産様式が支配する諸社会」だということを、明確にしたのでした。

それにくわえて、第一篇の主題は「商品の分析」ですが、それが商品一般ではなく、資本主義社会における商品、だということも、重要な点です。歴史的な発展過程を見るために、過去の諸社会の諸事実も出てきますが、研究の対象は、あくまで資本主義社会の「富の要素形態」としての商品であり、この篇の主題は、資本主義社会を、商品の生産と交換、市場経済のもっとも基礎的な側面から研究するところにあります。

＊ **資本主義的生産様式**　マルクスは、草稿では、一八六〇年代のはじめごろから、この言葉を使い始めていましたが、公《おおやけ》にした文書で、この言葉を使ったのは、一八六七年、『資本論』第一巻の初版がはじめてだと思います。「私がこの著作で研究しなければならないのは、資本主義的生産様式と、これに照応する生産諸関係および交易諸関係である」（初版への「序言」、①九ページ、〔I〕12ページ）。

インタナショナルの活動のなかでは、一八六五年六月の講演「賃金、価格および利潤」のなかで「資本主義的生産」という言葉を使っていますが（古典選書版一四九、一八六ページ）、この講演が公刊されたのは、マルクスの死後、一八九〇年代においてでした。『資本論』の公刊以前にインタナショナルの公式文書に「資本主義」の言葉が出てくるのは、一八六六年の大会のためにマルクスが執筆した決議案「協同組合労働」のなかにある、協同組合制度だけでは「資本主義社会を改造すること」はできないだろう、という一句だと思います（古典選書『インタナショナル』五五ページ）。

経済学上の「資本主義的生産様式」の語とともに、この社会の「資本主義」という性格付けが市民権を得る転機となったのは、『資本論』の公刊でした。

これ以後、「資本主義」の言葉がまず労働者運動のなかに広がり、やがてブルジョア経済学の世界を含めて、社会全体に定着してゆくことになったのでした。

マルクスの「研究と叙述の方法」を頭において

マルクスが、これだけ力をつくして仕上げた「商品と貨幣」の篇ですから、マルクスが自分の研究の方法、叙述の方法について語った第二版への「あと書き」の文章を思い起こしながら、この篇を読み進んでほしいと思います。

資本主義経済の基礎をなす商品経済について、マルクスはその素材の詳細をどこまでわがものとしたのか。そのことを頭におきながら、マルクスがそこから商品経済という素材のどのような発展諸形態を分析し、それを表現する諸規定をどのように生み出したのか。そしてその発展諸形態、あるいは諸規定のあいだの「内的紐帯」をどのように探り出したのか。一度ですべてが解決されるというわけにはゆきませんが、こういう方法で、この篇を読み進めると、いろいろなことが見えてくるし、それは、マルクスの弁証法的思考の様相にせまることにもなるでしょう。とくに、ここで出てくるいろいろな概念・規定や、そこでマルクスが解き明かしてゆくさまざまな「内的紐帯」は、『資本論』全巻を読んでゆくうえでも基礎をなすものです。

マルクスは、第一章「商品」の**第一節**では、「使用価値」と「価値」という商品の二つの要因について、科学的な規定をあたえることに特別の注意を払いました。それは、これらの規定が、そのあとの経済学的展開の全体にかかわる意義をもつからです。

第二節では、この二つの規定の根底に、人間労働の二重性――「有用的労働」と有用的性格を度外視した「人間的労働」と――があることの指摘です。この指摘そのものは、『経済学批判』でマルクスが初めておこなったものでしたが、ここではさらにすすんで、そこに表現されているのが、人間社会がその存続のために必要とする社会的分業の独特の形態であるということまで、問題が掘り下げられています。このことは、マルクスが、商品という存在を、個々の商品としてではなく、いつも社会全体の規模で研究し、しかも、商品が活躍する社会を、人間社会の歴史のなかの一段階としてとらえていることを、しめすものです。そして、この節で明らかにした商品社会の性格付けは、やがては、商品経済を基礎とする社会、資本主義社会における「恐慌の可能性」という規定にまで発展してゆくものです。

第三節は、「価値形態」の研究ですが、ここの主題は、「ブルジョア経済学によって決して試みられることもなかったこと、すなわち貨幣形態の発生を立証すること」にありました（①八二ページ、〔I〕62ページ）。貨幣形態の発生の過程は、次の「第二章　交換過程」でも追跡されますが、そこで研究されるのは、人間社会での商品交換の歴史的な発展で、主役をなすのは、商品をもって市場に現われる人間、商品所有者たちです。

ところが、第三節で取り扱われるのは「商品世界」における「商品と商品の関係」の理論的発展であって、人間はまったく登場しません。「商品世界」での商品と商品の関係の発展を追究すると、理論的な必然として、貨幣の登場がこの発展の最終段階を形づくるようになります。そのあとで、人間社会の交換の歴史を追うと、第三節で研究した理論的発展の諸段階が、ほぼ同じ順序で再現してきます。この、理論的な展開が歴史の発展によって裏付けられるというのも、この研究のたいへん興味深いところです。

『経済学批判』の段階では、貨幣形態の発生の歴史的追跡はおこないましたが、それに先行する独自の理論的な展開はおこなわれませんでした。「価値形態」というのは、マルクスが、第三節で、商品世界の発展諸形態を探る中で生み出した概念で、「相対的価値形態」と「等価形態」の両面に分かれますが、これらの形態規定は、「第三章　貨幣または商品流通」での歴史的追跡のなかでも、あちこちで大事な役割を果たしています。理論的展開と歴史的発展の関係の面白いところだと思います。

「物神崇拝」の秘密をめぐって

「第四節　商品の物神的性格とその秘密」は、マルクスが第二版を刊行した時に、「大部分書き換えられている」と説明した節で、資本主義社会そのものの秘密を解明した重要な核心的な部分の一つがここにある、といっても言い過ぎではない、と思います。それだけにここでは、若干の内容的解説をくわえておきたいと思います。

これは後から出てくる問題ですが、人間社会の歴史には、奴隷制社会、封建制社会、資本主義社会と、人間が人間を搾取するさまざまな社会が登場します。しかし、その中で、「搾取」という事実が目に見える形で現われないのは、資本主義社会だけです。この事実を明るみに出すには、マルクスが開拓した科学的経済学が必要だったのでした。

なぜ、そうなるのか。その秘密は、商品経済のなかにありました。そしてその秘密の根源を解明するのが、この第四節の課題だったのです。

商品経済の社会では、人間と人間の関係が、社会の表面ではすべて、物（商品）と物（商品）との関係として現われます。だから、人間による人間の搾取という社会の根本問題も、労働力の売買、言い換えれば〝労働力商品〟と〝賃金〟との交換、つまり、物と物との関係として現われます。社会の根本問題が、物と物との関係の背後に隠れてしまうのです。こうして、奴隷制社会や封建制社会など以前の社会形態では目に見える形で現われていた搾取する者と搾取される者の社会関係が、霧の中に姿を消してしまうのです。

マルクスは、こういう〝置き換え現象〟〔＊〕、人間と人間の社会的関係が物と物の関係にとって代わられ、社会的現実が人間の目から隠されてしまうことを、商品世界の特質としてとらえ、商品の〝謎的性格〟とか、〝神秘化〟とかの言葉で表わしますが、最終的に選んだのは、この逆立ち現象を宗教的世界との対比でとらえた〝物神崇拝〟という言葉でした（これはマルクスの造語です）。

「ここ〔宗教的世界――不破〕では、人間の頭脳の産物が、それ自身の生命を与えられて、相互のあいだでも人間とのあいだでも関係を結ぶ自立的姿態のように見える。商品世界では人間の手の労働の生産物がそう見える。これを、私は物神崇拝と名づけるが、それは、労働生産物が商品として生産されるやいなや労働生産物に付着し、それゆえ、商品生産と不可分なものである」（①一二四ページ、〔Ⅰ〕86～87ページ）。

＊〝**置き換え現象**〟　マルクスは、この現象を表現するのに、〝quid pro quo〟というラテン語を使っています。訳書によって、いろいろな言葉があてられていますが、ここでは〝置き換え現象〟としました。

マルクスは、この世界を、もっぱら神秘化された枠組みの中で研究するところにブルジョア経済学の根本的欠陥があるとした上で、「別の生産諸形態」のところに目を移せば、その迷妄はたちどころに消え失せるはずだとして、ロビンソンの世界、ヨーロッパ中世の封建社会、前資本主義の農村での家父長的な農民家族の生活などをあげた後、資本主義にとって代わる未来の共同体社会に目を移します。ここは、『資本論』で、未来社会が最初に顔を出す文章ですから、全文を紹介しておきましょう。

「最後に、目先を変えるために、共同的生産手段で労働し自分たちの多くの個人的労働力を自覚的に一つの社会的労働力として支出する自由な人々の連合体を考えてみよう。……この連合体の総生産物は一つの社会的生産物である。この生産物の一部分は、ふたたび生産手段として役立つ。この部分は依然として社会的なものである。しかし、もう一つの部分は、生活手段として、連合体の成員によって消費される。この部分は、だから、彼らのあいだで分配されなければならない。この分配の仕方は、社会的生産有機体そのものの特殊な種類と、これに照応する生産者たちの歴史的発展程度とに応じて、変化するであろう。もっぱら商品生産と対比するだけのために、各生産者の生活手段の分け前は、彼の労働時間によって規定されるものと前提しよう。そうすると、労働時間は二重の役割を果たすことになるだろう。労働時間の社会的計画的配分は、さまざまな欲求にたいするさまざまな労働機能の正しい割合を規制する。他面では、労働時間は、同時に、共同労働にたいする生産者たちの個人的関与の尺度として役立ち、それゆえまた、共同生産物のうち個人的に消費されうる部分にたいする生産者たちの個人的分け前の尺度として役立つ。人々が彼らの労働および労働生産物にたいしてもつ社会的諸関連は、ここでは、生産においても分配においても、簡単明瞭である」(①一三三～一三四ページ、〔I〕92～93ページ)。

ここで語られているのは、生産と分配の分野の関係から見た未来社会像です〔＊〕。その社会の全体像は、第三部第七篇の最初の章で取り上げることになります。ここではまず、マルクスが、未来社会を「自由な人々の連合体」と特徴づけていることに、注目してほしいと思います。

＊ 未来社会の分配　ここでマルクスが、未来社会での生産物の分配方式について、その仕方は、「社会的生産有機体そのものの特殊な種類と、これに照応する生産者たちの歴史的発展程度とに

応じて、変化するであろう」(①一三三ページ、〔Ⅰ〕93ページ)と語り、〝労働時間に応じての分配〟を、当面の議論のための仮定として述べていることは注意すべき点です。

これに続いて、世界の宗教史について含蓄のある概観に話を移し、「現実世界の宗教的反射」が人間生活の諸関係の変化とともに消滅するだろうという将来展望を述べたあと、それと対比する形で、経済面での「物神崇拝」消滅の過程について、次のように語ります。

「社会的生活過程の、すなわち物質的生産過程の姿態は、それが、自由に社会化された人間の産物として彼らの意識的計画的管理のもとにおかれるとき、はじめてその神秘のヴェールを脱ぎ捨てる。けれども、そのためには、社会の物質的基礎が、あるいは、それ自身がまた長い苦難に満ちた発展史の自然発生的産物である一連の物質的実存諸条件が、必要とされる」(①一三五ページ、〔Ⅰ〕94ページ)。

資本主義社会の「物神崇拝」についてのマルクスのこの批判は、『資本論』の全巻をつうじて、研究の段階ごとに深められてゆきます。そして、第三部の最後の篇で大きな主題として取りあげられる「三位一体的定式〔*〕」は、その批判の総括的な締めくくりとなるのです。商品経済の社会に始まる「物神崇拝」批判が、『資本論』全体にとって、そういう意味をもったテーマだということを、頭に入れておいていただきたいと思います。

＊　**「三位一体的定式」**　「資本―利子、土地―地代、労働―賃金」という定式のこと。労働が賃金

をうみだすように、資本や土地がおのずから利子や地代をうむとした「定式」で、俗流経済学に典型的なものです。「三位一体」とは、キリスト教の教義のなかにある言葉で、父なる神、子であるキリスト、そして聖霊の三者が、本質的には一体であるという意味です。

なお、ここで、「社会構成体」という言葉が出てきます（①一三六ページ、〔I〕95ページ）。これは、より正確には「経済的社会構成体」というのですが、マルクスがつくり出した特有の概念で、人間社会を、そこで支配的な生産様式、つまり経済的土台の性格によって区分します。「大づかみに言って、アジア的、古代的、封建的、および近代ブルジョア的生産様式が、経済的社会構成体の進歩していく諸時期として特徴づけられよう」（古典選書『経済学批判・序言／序説』一五〜一六ページ）。

この文章のなかで、「アジア的」というのは、原始共産制社会のこと、「古代的」というのは奴隷制社会のことと、読んでください。

「第二章　交換過程」とエンゲルス『家族……の起源』

マルクスが、「交換過程」の章で、貨幣の発生の必然性を、今度は現実の歴史のなかから追跡したことは、すでに述べました。この章はあまり長いものではありませんが、マルクスの分析の背景には、原始・古代から現代にいたる世界史についての、長年の歴史研究の蓄積があったことも、一言しておきたいと思います。

原始・古代史についても、マルクスは、本格的な研究をしており、『五七～五八年草稿』の執筆の際には、その中に「資本主義生産に先行する諸形態〔＊〕」として知られる包括的な研究を書き込んでいました。草稿のこの部分が戦後日本に紹介され、日本語訳が刊行されたとき（一九四七年）には、日本の歴史学界に大変な反響を呼び起こしたものでした。

＊**「資本主義生産に先行する諸形態」** この表題は、のちにこの草稿が公表されたとき、編集者によってつけられたものです。マルクス『資本論草稿集』②（大月書店）一一七～一七七ページに収録されています（以下、この本の表記は『草稿集』とします）。

エンゲルスも、原始・古代社会の歴史について、『家族・私有財産・国家の起源』（一八八四年）という大著を書きました。そのさい、歴史の最初の段階を研究する際に最も利用したのは、アメリカの古代史研究者モーガン〔＊〕の著作『古代社会』（一八七七年）でしたが、歴史が「未開」と「文明」へと移行する段階の研究にあたっては、『資本論』の「交換過程」の章を、何よりの指針としたのでした。

＊**モーガン**、ルイス・ヘンリ（一八一八～八一） アメリカの民族学者、古代史研究家。若いころ、弁護士としてインディアンの利益擁護の活動をしてインディアン社会の尊敬を受け「氏族

員」として受け入れられた経歴があり、そこから、インディアン社会史の研究に打ち込むようになりました。

そのことを、エンゲルスは、こう書いています。

「われわれは今まで、氏族社会の解体を……跡づけてきた。結びとしてわれわれは、未開時代の上段階にすでに社会の氏族的組織を掘りくずし、文明時代の到来とともにこれを完全にとり除いた一般的な経済的諸条件を研究することにする。ここではわれわれには、マルクスの著書『資本論』が、モーガンの著書と同じ程度に必要であろう」(古典選書『家族・私有財産・国家の起源』二一三ページ)。

実は、エンゲルスがモーガンの著書を手に取ったのも、マルクスの死後、遺稿のなかで、モーガンの著書からの「詳しい抜き書き〔＊〕」を発見したことに端を発してのことでした。

エンゲルスは、その著作の「序文」で、自分の仕事をマルクスの「遺言の執行」と位置づけて、次のように述べていました。

「以下の各章は、いわば、遺言の執行なのである。カール・マルクスこそ、モーガンの研究の成果を、彼の——ある限度内ではわれわれのといってもよい——唯物論的な歴史研究と関連させて叙述し、そうすることによってはじめてモーガンの研究の成果の全意義を明らかにするつもりでいた人にほかならなかった」(同前一一ページ)。

＊　モーガンの著書のマルクスの抜き書き　「ルイス・ヘンリ・モーガンの著書『古代社会』の摘要」（一八八〇年末～八一年三月執筆、全集補巻④）。

「第三章　貨幣または商品流通」と恐慌理論

「第三章　貨幣または商品流通」で、私たちは、いよいよ、商品と貨幣からなる市場経済そのものの研究に踏み込むことになります。第一章と第二章での研究は、そのための理論的準備だと意義づけてもよいものでした。ここでは、これまでの章で見てきた「発展諸形態」とそれを表現する諸規定・諸概念が、互いに関連し合い、新たな「内的紐帯」を示しながら、商品経済の秘密が次々と解き明かされ、その全貌が描き出されてゆきます。

ここではもう、水先案内の役目はやめて、とくに注意してほしい点として、恐慌論についてだけ一言述べておくことにします。

まず、資本主義的生産のもつ矛盾のもっとも深刻な現われの一つである恐慌の問題が、この章ではじめて本格的に取り上げられることです（第二節の「a　商品の変態」）。

この問題は、冒頭部分で、市場で商品を売ろうとする生産者が直面する〝命がけの飛躍〟の分析から始まって、商品経済が本質的に「恐慌の可能性」をはらんでいることの立証へと進んでゆきます。

マルクスは、「価値形態または交換価値」の節（第一章第三節）で、まず、商品世界における商品の価値関係に分析の目を向け、性質の異なる商品が、価値としてたがいに関係しあう価値形態の発展を、最も単純な形態から貨幣形態が誕生するところまで追跡します。この追跡は、商品世界の内在的な発展としてきわめて論理的におこなわれますが、その論理的な発展は、続く諸章で検討する、市場での商品を交換しあう生産者たちの行動とその発展に対応する意義をもちます。

すなわち、第二章「交換過程」では、この発展が、今度は商品所有者たちの現実の関係の発展として、歴史的に分析されます。

こういう準備をしたうえで、第三章「貨幣または商品流通」で、いよいよ商品市場の諸関係の現実的な考察が始まります。ここで、マルクスは、市場での生産者たちの行動を、W（商品）―G（貨幣）―W（商品）という表式で表わします（①一八〇ページ、〔I〕120ページ）。こうした表式は、形を変えて『資本論』のさまざまな部分で出てきますが、WとGが線で結ばれているのは、同じ価値の商品と貨幣が交換されることを表わしています。第二の交換、貨幣で欲しい商品を買うことにはなんの困難もありませんが、最初の交換（W―G）は、そうはゆきません。市場で買い手が見つかるかどうか、見つかったとしても、その相手が価値どおりに買ってくれるかどうか、これは、すべて、確実な保証のない市場任せの問題なのです。このことをマルクスは〝命がけの飛躍〟と呼んだのでした。

「商品価値が商品のからだから金のからだに飛び移ることは、……商品の〝命がけの飛躍〟である。この飛躍に失敗すれば、なるほど商品は打撃を受けないかもしれないが、商品所有者は確かに打撃を受ける」（①一八〇～一八一ページ、〔Ⅰ〕120ページ）。

ここから市場での商品流通の綿密な分析が始まりますが、マルクスは最後にその分析を結ぶにあたって、価値と使用価値との対立をはじめ、商品論で分析してきた商品に内在する対立と矛盾が市場での商品変態の過程で「それの発展した運動諸形態」をうけとることを指摘したうえで、次のように語ります。

「これらの形態は、恐慌の可能性を、とはいえただ可能性のみを、含んでいる。この可能性の現実性への発展は、単純な商品流通の立場からはまだまったく実存しない諸関係の全範囲を必要とする」（①一九三ページ、〔Ⅰ〕128ページ）。

実際、恐慌の可能性〔＊〕の現実性への転化、すなわち恐慌が現実に発生したのは、「単純な商品流通」の時期どころか、イギリスに始まった資本主義がかなりの発展段階に達した時期、一八二五年のことでした。マルクスは、このことについて、一八二五年の恐慌をもって大工業が初めて「その近代的生活の周期的循環」を開始した、と意義づけています（第二版への「あと書き」①一九ページ、〔Ⅰ〕20ページ）。

＊ **恐慌の理論の三つの部分**　マルクスの恐慌の理論は、（イ）恐慌の可能性、（ロ）恐慌の根拠（生産と消費の矛盾）、（ハ）恐慌の運動論、という三つの部分からなっています。先ほども述べ

ましたが、「運動論」というのは不破の命名で、資本主義的生産の矛盾が、どういう仕組みで恐慌という運動形態を生み出すのか、あるいは、資本主義的生産が、恐慌という破局的な事態を節目とする周期的循環のなかで進行するのはなぜか、この問題を解明する理論のことです。それぞれの内容は、今後の進行の中で、逐次説明してゆきます。

（3）第二篇から第三篇へ。「剰余価値」の初登場

最初の文章をよく読もう

第二篇以後は、いよいよ資本主義的生産様式そのものの研究です。「第二篇　貨幣の資本への転化」は、同じ題の第四章だけからなっています。

マルクスは、次の文章で、「資本」の研究を始めました。

「商品流通は資本の出発点である。商品生産、および発達した商品流通――商業――は、資

本が成立する歴史的前提をなす。世界商業および世界市場は、一六世紀に資本の近代的生活史を開く」(②二四九ページ、〔I〕161ページ)。

この文章には、資本主義社会を、人間社会の歴史のなかの経過的な一段階ととらえ、その生成と発展、そして没落への歴史を資本主義的生産様式の全面的な研究によって明らかにしようという、マルクスの科学的な精神が、簡潔だが力強い言葉で表現されています。資本主義社会を社会の自然で普遍的な形態だと思い込み、歴史をふりかえる場合にもこの社会を人間社会の最後の到達点と考えるブルジョア経済学との根本的な違いが、まさにここにありました。

マルクスが世界市場の形成という角度から「資本の近代的生活史」を開いたと意義づけた「一六世紀〔*〕」とは、どんな時代だったのか。世界では、その前半に、東方からスペインとポルトガルがアメリカ大陸に侵攻し、後半には、イギリスが西方からインドなどアジア大陸への侵攻を開始した時代であり、日本では、戦国時代が開始され、世紀末に関ケ原の合戦で徳川幕府による全国支配が決定的になった時代だった――きわめて大まかな時代像ですが、そういう時代背景のもとで、資本主義の「近代的生活史」が始まったのだということを、頭においてください。

＊　一六世紀　より詳しい解説は、不破『「資本論」全三部を読む』第二冊(二〇〇三年、新日本出版社)の「十六世紀とはどんな時代だったか」(一七～二七ページ)を参照ください。

マルクス、読者に謎解きの挑戦

同じ市場経済でも、資本主義の時代になると、市場に登場する主人公が違ってきます。資本主義以前には、市場に登場する人物は、商品生産者たちで、彼らの行動に対応する流通形態は、W（商品）―G（貨幣）―W（商品）という表式で表わされました。自分が生産した商品を市場で販売し、同じ価値の別の商品、自分が欲しい使用価値をもつ商品を買う。二つの売り買いのどちらの場合にも、価値法則、すなわち、〝同じ価値のものを交換しあう〟という等価交換が交換の原則でした。

ところが、資本主義の時代になると、登場人物は資本家に変わり、その行動の内容も違ってきます。資本家の市場での行動に対応する流通形態は、G（貨幣）―W（商品）―G（貨幣）という表式で表わされます。しかも、資本家の場合には、取引の最初と最後が同じ価値では困ります。G―W―Gの結果は、最初に投下したGよりも、より多くの価値を代表するG′（あるいはG＋⊿G）でなければなりません。つまり、G―W―G′が資本の運動を表現する表式となるのです。マルクスは、この⊿Gを「剰余価値」と名づけました。

「この増加分、または最初の価値を超える超過分を、私は剰余価値と名づける」（②二五六ページ、〔Ｉ〕165ページ）。

マルクスは、草稿では、『五七～五八年草稿』の段階から「剰余価値」という言葉を使ってきたし、インタナショナル中央評議会での一八六五年六月の講演（『賃金、価格および利潤』）でも、この概念を使って労働者への搾取の本質を説明していましたが、公の舞台に「剰余価値」が登場するのは、『資本論』第一部のこの場所が最初となりました〔＊〕。

＊ **剰余価値の初出**　マルクスの草稿では、この言葉が最初に登場するのは、『五七～五八年草稿』のノート第三冊（一八五七年一一月末～一二月半ば執筆）で資本の価値増殖を論じた箇所においてです（『草稿集』①三八三ページ）。

G―W―Gの取引を通じてこの剰余価値をより多く増やすことが、市場に登場する資本家の、唯一最高の行動原理となります。

「あの流通〔G―W―G〕の客観的内容――価値の増殖――は彼の主観的目的である。そして、ただ抽象的富〔交換価値のこと――不破〕をますます多く取得することが彼の操作の唯一の推進的動機である限りでのみ、彼は資本家として、または人格化された――意志と意識とを与えられた――資本として、機能するのである」（②二六〇～二六一ページ、〔I〕167～168ページ）。

しかし、価値法則が支配する市場において、等価交換を原則とするG―W―Gの流通形態でどこから⊿Gを手に入れることができるのか。マルクスは、俗に唱えられている⊿G獲得のさまざまな説明を一つ一つていねいに論破してゆきます。

そして最後に、マルクスは読者に〝謎解き〟の挑戦をします。

「ここがロドス島だ、ここで跳べ！」（②二八四ページ、〔I〕181ページ）。「ロドス島」云々は「イソップ物語」からとった話で、その話そのものは、『資本論』の訳者注（②二八五ページ）に譲りますが、価値法則を否定するようなごまかしの議論はやめ、等価交換の原則をくずさずに、価値法則が支配する市場経済の〝土俵〟のうえで、G—W—Gの流通形態から資本家がどうやって⊿Gを手にいれるか、さあその仕組みを発見してみなさい、という読者への挑戦です〔＊〕。

＊ **謎解きの挑戦** この論法での挑戦には先輩がいました。ヘーゲルです。ヘーゲルは、『法の哲学』（一八二〇年）の「序論」で、この本の主題について書き、〝哲学というものは、あるべき理想を教えるものではない。国家論においても、国家がいかにあるべきかを国家に教えることをめざすものではなく、国家とは何かを概念において把握することが哲学の課題である〟と語ったうえで、イソップ物語の「ここがロドス島だ、ここで跳べ！」という言葉を引いたのでした。
マルクスは、『五七～五八年草稿』でも、『六一～六三年草稿』でも同じ問題を取り上げましたが、その時の論法は淡々としたものでした。『資本論』で謎解きの挑戦という方法をとったことは、剰余価値をめぐるマルクスの問題提起を、一段と鮮明な、また一段と鋭いものにしたのでした。

マルクスは、この挑戦に続く部分で、G―W―Gの表式のなかで、価値が変動する部分があるとすれば、それはWの部分にしかない、そしてもしWで価値変動が起こるとすれば、それは「それの使用価値そのものが価値の源泉であるという独自の性質をもっている一商品」（②二八六ページ、〔Ⅰ〕181ページ）である場合以外にないとして、資本の価値増殖の秘密がまさに労働力の売買にあることを、実に明快な論理で解き進めます。そして、労働力が商品として売買されるという事態の社会的、歴史的な意義を詳細に論じたうえで、ΔGの問題の最終的解決は次の第三篇に残して、この篇を閉じています。

この第二篇の最後の部分に、労働力の商品化という関係が成立するためには、労働者が、「二重の意味」で、すなわち、（一）「自由な人格として自分の労働力を自分の商品として自由に処分する」という意味での自由と、（二）自分で生産活動をする条件を失い、自分の労働力以外に売るべき他の商品をもっていないという意味での自由と、双方の意味で「自由な」労働者になっていなければならない、という指摘があります（②二八九ページ、〔Ⅰ〕183ページ）。これは、たいへん大事な指摘です。それは、一方では、資本主義社会で、労働者と資本家が平等の権利をもつ市民として国政に参加する民主主義の政治体制を可能にすると同時に、他方では、経済的な貧困と格差の拡大を生み広げる基盤となるもので、その実態は、『資本論』全巻を通じて追究されることになります。

マルクスの〝労働賛歌〟

これだけの準備を重ねてきたのだから、次の篇でいよいよ資本主義的搾取の解明が始まるかと考えた人は、「第三篇　絶対的剰余価値の生産」に読み進んで、意外の感を抱くかもしれません。この篇の最初の章（「第五章　労働過程と価値増殖過程」）の第一節では、搾取などまったく問題にならず、人間社会において労働とはどういう意義をもつものかという「労働過程」論が主題となっているからです。

実はここからは、非常に重要な問題が浮かび上がってきます。

マルクスの視野には、当面の研究対象である資本主義社会だけでなく、人間社会の全歴史が収められているのです。そこでは、人間が他人の労働を搾取する搾取社会は、たいへん短い一時期のことで、それ以前には、労働は、すべての人間にとって、自分と社会に役立つもっとも有益で人間的な活動でした。そして、資本主義を乗り越えたその先に開かれる未来社会でも、労働は、ふたたび本来の人間的な性格をより高度な形態で取り戻すはずです。

このことをマルクスは、インタナショナルの「創立宣言」に、労働者階級がめざす未来社会について、「賃労働は、奴隷労働と同じように、また農奴の労働とも同じように、一時的な、下級の社会的形態にすぎず、やがては、自発的な手、いそいそとした精神、喜びにみちた心で勤労にしたがう結合的労働に席をゆずって消滅すべき運命にある」（古典選書『インタナショナル』一九ページ）という文章で表現していました。解放運動がめざすものは、労働からの解放ではなく、抑圧的・非人間的形態からの労働の解放なのでした。

こういう視野で、マルクスは、労働の搾取の問題を論じるまえに、人間社会の根本問題として、人間の労働とは、本来どういうものであるか、労働は、人間とその社会の発達にどういう役割を果たし、人間生活にとってどういう意義をもつかを、全面的に描き出したのでした。

ここではまた、「労働対象」、「労働手段」、「原料」、「生産手段」、「生産的消費」、「個人的消費」など、労働にかかわる諸概念が、正確な定義とともに登場します。これは、これからの経済分析の基礎になる諸概念ですから、正確に頭にいれてください。

この第一節の最後の部分（②三一五～三一八ページ、〔Ⅰ〕１９９～２００ページ）で、資本家が労働力を買ったのちに、労働過程にどんな変化が起こるかが検討され、労働過程に二つの変化が起こることが指摘されます。一つは、労働が資本家の管理のもとでの労働になること、二つは、労働力を資本家に売ったのだから、「労働力の使用価値は、したがってそれの使用すなわち労働」が資本家のものとなる、ということです。

ここから、第二節以下の「価値増殖過程」の考察、言い換えれば労働過程が資本家のための剰余価値生産過程に転化する経緯《いきさつ》についての、たいへん論理的な考察が始まります。この部分は、特別の解説は必要ないと思いますが、ここで、労働力の「使用価値」という概念が重要な役割をはたし、『資本論』冒頭の商品の二重性――価値と使用価値――の考察が「決定的」な威力を発揮していること（②三三〇～三三一ページ、〔Ⅰ〕２００～２０８ページ）に注意を払ってほしいと思います。

またこの節では、剰余価値を増やす方法としては、もっぱら労働時間を延長する方法が取り上げられています。この方法を、マルクスは「絶対的剰余価値の生産」と名づけました。

次の第六章での「不変資本」および「可変資本」の規定も、マルクスが独自につくりあげた概念です。これからの資本主義的生産の分析に不可欠のものですから、正確にその内容をとらえておく必要があります。スミスやリカードゥは、「剰余価値」論をもたず、そこから出てくる「不変資本」、「可変資本」の概念を知らなかったために、資本主義的生産の科学的分析を志しながら、あちこちで迷路に入り込む結果になったのでした。

また、その次の「第七章　剰余価値率」のところで定義される「必要労働」および「必要労働時間」（②三六七ページ、〔Ⅰ〕２３１ページ）、「剰余労働」および「剰余労働時間」（②三六八ページ、〔Ⅰ〕同前）も、資本主義的搾取を論じる場合の基本用語になります。

（4）第三篇第八章「労働日」以後を読むにあたって

完成稿でマルクスの構想に大きな変化が起こった

剰余価値をより多く生産する手段として、もっぱら労働時間の延長に熱中する、これは、現在でも日本の多くの企業で広くおこなわれている方法ですが、その原理的な説明は、第三篇の第五章～第七章でほぼ終わります。「第八章　労働日」では、舞台をイギリス資本主義の現実に移して、この方法が何を生み出すか、資本と労働者の関係がどのように展開するかを、歴史の実態のなかから暴き出すことが、大きなテーマとなります。マルクスは、このテーマを扱った第八章に、この第三篇全体（新書版で二四一ページ）の半分以上（同じく一三六ページ）を当てています。

そこに話を進める前に、考えておきたい一つの問題があります。

マルクスは、「絶対的剰余価値」の生産について、『六一～六三年草稿』でも、ほぼ同じ論立てで論述を進めました。しかし、そこでは、この搾取方式が資本と労働者の関係に何をもたらすかにあてた文章は、次の二つの段落だけでした。

「実地においては、商品が価値以上で売れるのかそれとも価値以下で売れるのかは、売り手と買い手との（そのつど経済的に規定されている）相対的な力関係にかかっていることをわれわれは知っている。同様にここでは、労働者が剰余労働をその標準的な限度《マース》を越えて提供するか否かは、彼が資本の無際限な要求に対置することのできる抵抗力にかかっているであろう。けれども、近代産業の歴史が教えるところによれば、資本の無際限の要求は、労働者の個々ばらばらの努力によってはけっして抑えられなかったのであり、日々の総労働時間がある諸制限を（まずはじめにはこれまでのところではたいていある種の諸部面においてでしかないが）見いだすまでには、まずもって闘争が階級闘争という形態をとり、それによってまた国家権力の干渉が呼び起こされなければならなかったのである。

もしかすると、次のように考える人があるかもしれない、――奴隷所有者は、彼が黒人を七年間で消耗する場合には、新たな黒人購買によってそれを補填せざるをえないが、それと同様に資本は、労働者階級の不断の定在がその根本前提なのだから、労働者の急速な衰耗にたいしても自分でまた支払わなければならない、と。個別資本家Aはこの『致死は殺人にあらず』によって富むことができたかもしれないが、他方で資本家Bは、あるいは資本家たちのB世代は、もしかするとその費用を支払わなければならないのだ、というわけである。しかしながら、個別資本家は資本家階級の総利益にたいしてたえず反逆する。他方、近代産業の歴史は、恒常的な過剰人口が――それは、短命な、急速に交替する、いわば未熟のうちに摘み取られてしまう何世代もの人間でその流れを形づくっているのではあるが――存在しうることを示してきたのである」（『草稿集』④二八六～二八七ページ）。

この部分が、完成稿では、第三篇の半分以上を占めるような大長編に変わったのです。マルクスは、このことについて、エンゲルスへの手紙に、病気のために頭脳が衰えすぎ「本来の理論的な部分」の仕事をする条件がなかったので、「『労働日』にかんする篇を歴史的に拡大した」、「これは僕の最初のプランになかったことだ」と書いています（一八六六年二月一〇日、古典選書『書簡選集・上』二六五ページ）。

資本と労働者階級との発展過程を統合的に分析する

このプラン変更には、マルクスの「頭脳」の状況以上の、もっと大きな理由がありました。

マルクスは、経済学の著作を刊行すべく、最初の草稿を書き始めた一八五七年から、一八六四年前半に『資本論』第一部の初稿を書いた段階までは、「資本」の部と「賃労働」の部をそれぞれ独自の部として執筆する計画でいました。

これは、経済学に取り組み始めたごく初めの時期からのマルクスの構想でした。『共産党宣言』でも、「第一章　ブルジョアとプロレタリア」の章で、ブルジョアジーの階級的発展の歴史を書いた後、プロレタリアートの発展の歴史に筆を移していましたし、一八五七年八月に経済学の最初の著作の構想を立てたときにも、最初のプランに、ブルジョア社会の「基本的諸階級がその上に存立している諸範疇。資本、賃労働、土地所有」(「経済学批判要綱」への序説、『草稿集』①六二ページ)と書いて、それぞれを別個に研究するという構想を明記していました。

その構想は、「賃労働」に関しては、一八六三年八月～六四年夏に執筆した第一部初稿までは維持されてきたのですが、その後、一八六六年一月に第一部完成稿の執筆を開始した時点には、マルクスは年来の構想に根本的な変更をくわえ、『資本論』第一部に「賃労働」の部を統合すること、すなわち、資本主義的搾取の発展過程の分析と、それに対応する労働者階級の発展過程の分析を、統一的に進めるという構想を確立したのです(*)。

* もう一つの部、「土地所有」については、それに先立つ時期(一八六五年後半)に、地代論の部分を『資本論』第三部に含めるという方向で、構想を変化させていました。マルクスは、最終的には、構想をさらに改めて、「土地所有」の全体を第三部に包括することにし、七〇年代にはロシアの土地所有関係の歴史研究を含め、その準備に多くの力を注ぎました。

マルクスが著作の構想をこのように根本的に変化させた根本には、恐慌の運動論の発見にともなう著作の構想の根本的な変化、より突っ込んでいえば資本主義観の発展ともいうべき、学説上の大きな発展があったのですが、この点については、もう少し後で説明したいと思います。

ここでは、マルクスの学説上の発展が構想のそうした変化を生み出し、少し前までは予定外だった「労働日」の章がその必然的な産物となった、ということだけを確認して、この章の内容にすすみます。以後の解説では、労働者階級の発展過程という研究の新しい角度に重点をおいてゆきます。

（5）労働者の生存と存続を守る階級闘争の必然性

労働時間延長の暴走を止める手段は国法による強制以外にない

「労働日」の章で、マルクスはまず、労働日を延長しようとする資本家と、それを制限しようとする労働者とは、労働力商品の買い手と売り手との闘争だとして、そこから両階級のあいだの階級闘争の必然性をひきだします。

「ここでは、どちらも等しく商品交換の法則によって確認された権利対権利という一つの二律背反が生じる。同等な権利と権利とのあいだでは強力がことを決する。こうして、資本主義的生産の歴史においては、労働日の標準化は、労働日の諸制限をめぐる闘争――総資本家すなわち資本家階級と、総労働者すなわち労働者階級とのあいだの一闘争――として現われる」（「第一節　労働日の諸限界」、②三九九ページ、〔Ⅰ〕２４９ページ）。

マルクスは、剰余労働への渇望が、古代の生産手段の所有者たち以来の共通のものだとして、ドナウ諸侯国（ルーマニア地方）の支配者たちの過酷な労働規則（レグルマン・オルガニク）〔＊〕と、現代イギリスの工場主たちのあくなき搾取欲とを対比してみせます。マルクスが第二節から第五節まで、詳細に暴き出した工場労働の過酷な実態は、すべてイギリスの工場監督官の報告書によるものです（ちなみに、第二節は「剰余労働にたいする渇望。工場主とボヤール」、第三節「搾取の法的制限のないイギリスの産業諸部門」、第四節「昼間労働と夜間労働。交替制」、そして第五節が「標準労働日獲得のための闘争。一四世紀中葉から一七世紀末までの労働日延長のための強制法」です）。

＊　**レグルマン・オルガニク**　ルーマニアで一八三一年（ワラキア公国）、三二年（モルダヴィア公国）に制定・施行された国家基本法のこと。国会と行政府、両公国の統一など国家の基本構造の規定とともに、農奴制と夫役《ぶやく》労働の内容の詳細な規定が含まれていたために、マルクスは、これを「かの夫役労働の法典」と呼んだのでした（②四〇四ページ、〔Ⅰ〕２５２ページ）。

マルクスは、一八五〇年代にバルカン地方の支配権をめぐる国際関係を研究するなかで、ルーマニア史に特別の注意を向け、『ルーマニア史ノート』（一九七九年、大月書店）と呼ばれる詳細な研究ノートを作りました。その蓄積を『資本論』に生かしたのです。マルクスのルーマニア史研究のいきさつは、『「資本論」全三部を読む』第二冊の「〔解説〕マルクスの『ルーマニア史ノート』」をご参照ください。

第五節で、マルクスは、ヨーロッパでも資本主義的発展の先頭に立ってきたイギリスの実態報告を、次の文章でしめくくります。この文章は、この篇のなかのもっとも注目すべき文章の一つです。

「〝大洪水よ、わが亡きあとに来たれ！〟〔＊〕これがすべての資本家およびすべての資本家国家のスローガンである。それゆえ、資本は、社会によって強制されるのでなければ、労働者の健康と寿命にたいし、なんらの顧慮も払わない。肉体的、精神的萎縮、早死、過度労働の拷問にかんする苦情に答えて資本は言う――われらが楽しみ（利潤）を増すがゆえに、われら、かの艱苦《かんく》に悩むべきなのか？　と。しかし、全体として見れば、このこともまた、個々の資本家の善意または悪意に依存するものではない。自由競争は、資本主義的生産の内在的な諸法則を、個々の資本家にたいして外的な強制法則として通させるのである」（②四六四ページ、〔I〕285～286ページ）。

＊　**〝大洪水よ、わが亡きあとに来たれ！〟**　フランス革命の前、宮廷での贅沢三昧《ぜいたくざんまい》が財政の破滅を招くと忠告されたときに、ポンパドゥール夫人（フランス国王の愛人）が言い返した言葉。〝財政破綻《はたん》の話なんて、私が死んでからのことにしてよ〟という意味で、日本のことわざで言えば、

「あとは野となれ山となれ」というところでしょう。

資本の暴走を止める力は、「社会による強制」、もっとはっきり言えば国法による規制以外にない、これがイギリス資本主義の現実から引き出される結論でした。

階級闘争によって自分と同族の存続をまもる

マルクスは、このことを確認したあと、労働日に関するイギリスの歴史に目を向けます。そこには、驚くべき歴史がありました。一四世紀の半ばから一八世紀中葉までのイギリスの「労働日」立法の歴史は、なんと、資本の要求に応じて、これまでの生活習慣になかった長時間労働を労働者におしつける長時間労働強制立法だったのです。大工業の誕生は資本の労働日延長の意欲にさらに拍車をかけました。

一九世紀に入って、これに抵抗の旗をかかげたのが、イギリスの労働者階級でした。

そして、この闘争が、一八三三年の工場法、一八四四年の追加工場法、一八四七年の新工場法と、一歩一歩その陣地を広げ、ついに一八五〇年、追加新工場法をかちとって、一〇時間労働の体制を、主要な工業部門に確立したのです。マルクスは、この闘争を「半世紀にわたる内乱」(「第六節　標準労働日獲得のための闘争。法律による労働時間の強制的制限。一八三三―一八六四年のイギリスの工場立法」、②五一三ページ、〔I〕312ページ）と特徴づけました。武器をとっての戦いではありませんでしたが、その内容から言えば「内乱」に匹敵する、資本家階級と労働者階級とのあいだの長期にわたる激烈な階級闘争の産物だったのです。

マルクスは、こういう闘争をたたかいぬいたイギリスの労働者階級と彼らがかちとった成果に、次のような賛辞をささげています。

「自分たちを悩ます蛇〔＊1〕にたいする『防衛』のために、労働者たちは結集し、階級として一つの国法を、資本との自由意志による契約によって自分たちとその同族とを売って死と奴隷状態とにおとしいれることを彼らみずから阻止する強力な社会的バリケード〔＊2〕を、奪取しなければならない。『譲ることのできない人権』〔＊3〕のはでな目録に代わって、法律によって制限された労働日というつつましい〝大憲章〟〔＊4〕が登場する」（「第七節　標準労働日獲得のための闘争。イギリスの工場立法が他国におよぼした反作用」、②五二五ページ、〔I〕320ページ）。

＊1　**自分たちを悩ます蛇**　旧約聖書のなかの言葉。ここでは、労働者を苦しめる資本家たちとその非人間的な搾取の攻撃を表わしています。

＊2　**社会的バリケード**　この言葉は、新書版では「社会的防止手段」と訳されており、これまでの戦前・戦後の訳本では、「柵（しがらみ）」、「障壁」、「防止手段」、「保障」、「障害物」、「後ろ盾」など、とりどりの訳語があてられてきたものです。私は、内容から判断して、この訳語を採

用することにしています。

＊3　**「譲ることのできない人権」**　アメリカのヴァージニア州の「権利章典」（一七七六年）に出てくる言葉。その後、「人権」の形容詞として使われるようになりました。

＊4　〝**大憲章**〟　この言葉そのものは、イギリスの民主主義運動が一二一五年にかちとった、王権を制限する文書の名称ですが、ここでは労働日を制限する工場法を高く意義づける意味で使っています。

一三〇ページを超えるこの章の内容を、重要なマルクスの文章を節々に引用しながら、きわめて圧縮して紹介しました。その全体が、労働者階級が自分とその階級の存続のためにたたかう階級闘争の発展の必然性を示しています。

ここに、「賃労働」の部で展開する予定だった労働者階級論の第一の契機がありました。資本の暴圧から自分たちの生活と生存をまもる「社会的バリケード」、いまの言葉で言えば「社会的ルール」の獲得のための闘争は、その核心をなすものでした。

マルクス、「発生論的方法」を予告する

第三篇の最後の「第九章　剰余価値の率と総量」は、これまでの研究を数量的に総括したとこ

ろで、特別の解説を必要とするところはあまりありませんが、そこには、マルクスが自分と「リカードゥ学派」との方法論上の違いについて述べている重要な一節があります。

ここでマルクスは、いままで学んできたこと――剰余価値の総量は可変資本の大きさに比例するという命題をあらためて示したうえで、「この法則は、外観を基礎とするすべての経験と明らかに矛盾している」、現実の市場では、百分比的に見て相対的に少ない可変資本を充用する紡績業者が、相対的に多くの可変資本を動かす製パン業者よりも少ない剰余価値を手に入れるわけではない、と述べます（②五三四ページ、〔Ⅰ〕325ページ）。そして、こう続けるのです。

「この外観上の矛盾を解決するためには、なお多くの中間項が必要なのであるが、それはあたかも、0―0が一つの現実的な大きさを表わしうることを理解するためには、初等代数学の立場からは多くの中間項が必要であるのと同じである。古典派経済学はこの法則を一度として定式化したことはなかったとはいえ、本能的にこの法則に執着しているのであって、それというのも、この法則が価値法則一般の一つの必然的な帰結だからである。古典派経済学は、乱暴な抽象によってこの法則を、現象上の諸矛盾から救おうとしている。リカードゥ学派がこのつまずきの石でどのように失敗するにいたったかは、のちに見るであろう」（②〔Ⅰ〕とも同前）。

マルクスは、基本的な経済現象の解明から、一連の中間項を経てより高次の経済現象の解明に進む自分の方法を「発生論的方法」と呼び、その立場から、すべての現象を同じ平面の上に並べてそこに起こる矛盾に苦しむリカードゥらの方法をきびしく批判しました。ただその批判の内容は、マルクス自身が「のちに見る」と言っているのですから、私たちものちの宿題に残しておくことにします。ただ、ここでそういう宿題が出されたということ自体は、覚えていてほしいと思います。第三部の研究のなかで、この宿題にたちもどりますから。

（6）「全体労働者」――労働者の結合の態様が発展する

剰余価値を生産する二つの方法

剰余価値を増やす方法として、第三篇で取り上げたのは「労働日」の延長でしたが、「第四篇相対的剰余価値の生産」は、もう一つの方法、生産力の増大によって剰余価値を増やす方法を取り上げます。問題を、第三篇の最後に説明した、労働時間を「必要労働時間」と「剰余労働時間」に分ける方式で説明すると、前者は「剰余労働時間」を大きくすることで剰余価値を増やす方法、後者は「必要労働時間」を減らすことで剰余価値を増やす方法です。マルクスは、前者を「絶対的剰余価値の生産」、後者を「相対的剰余価値の生産」と名づけました〔＊〕。

＊　**二つの方法の定義**　マルクスは、この二つの方法の区別と名称について、「労働日」問題を論じ終えた後、第四篇の冒頭ではじめて説明しています（第一〇章、③五五〇ページ、〔Ⅰ〕334ページ）。

この二つの方法の区別は、『五七～五八年草稿』の段階から明らかにしていたことですが、『六一～六三年草稿』では、資本主義のもとでの生産力の増大を、協業、分業とマニュファクチュア、大工業の三つの段階に分けて、その特質を段階的に研究するという分析が始まりました。第一部の完成稿では、これにくわえて、生産力の発展段階ごとに労働者の結合の態様がどう変化するかが追究されます。ここに、「相対的剰余価値の生産」の篇での、完成稿の一つの新しい特徴――「資本」の部と「賃労働」の部との統合を表わす重要な特徴がありました。

「全体労働者」あるいは「結合労働者」

その角度から、マルクスが説く三つの段階の特質を見てゆきましょう。

協業

最初の段階は「協業」（第一一章）です。

協業とは、「多数の働き手が、分割されていない同じ作業で同時に働く」ことで、そこには

「集団力であるべき生産力の創造」がありました（③五六七ページ、〔I〕345ページ）。「労働者は、他の労働者たちとの計画的協力のなかで、彼の個人的諸制限を脱して、彼の類的能力を発展させる」（③五七三ページ、〔I〕349ページ）。

マルクスは、こうして自分たちの労働力を結合して「集団力」であるべき新たな生産力を創造している労働者たちを「全体労働者」〔＊1〕あるいは「結合された労働者」〔＊2〕と呼びました。

＊1 **「全体労働者」** 「全体労働者」というのは、マルクスが、一八六三年八月から六四年夏にかけて『資本論』第一部初稿を書いたときに、初めて導入した概念でした。

いま草稿が残っている「第六章　直接的生産過程の諸結果」のなかで、マルクスは、資本主義的生産の発展につれて、個々の労働者ではなく、「社会的に結合された労働能力」がますます総労働過程の現実の機能者となるとし、そこに含まれる機能者として、直接的筋肉労働者やその手伝いとともに、管理者、技師、技術学者及び監督をあげました。この総体が「全体労働者」を形成するのです。このことを指摘したうえで、マルクスは次のように述べます。

「工場を形成する全体労働者を見れば、その結合された活動は、物質的には、直接に一つの総生産物に、すなわち同時に一つの商品総量でもある総生産物に、実現されるのであって、その場合、この全体労働者の一器官でしかない個々の労働者の機能が、直接的筋肉労働により遠いものであるか、より近いものであるかということは、まったくどうでもよいのである」（国民文庫版『直接的生産過程の諸結果』一一二ページ）。

マルクスは、この「全体労働者」の概念を手に、完成稿の第四篇で、「結合された労働者」の発展の態様を、資本主義的生産様式の発展の諸段階ごとに追跡するという課題を設定したのでした。

なお、新書版では、訳語が統一されず、この言葉にいろいろな訳語があてられています。「労働者全体」：③五六九、五七〇ページ、「全体労働者」：③五九〇、五九九、六〇七、六〇八、六二八、七九七ページ、「総労働者」：③六〇二、七二五、八七二ページ、本書では「全体労働者」で統一しています。

＊２　**「結合」**　マルクスは資本主義的生産のもとでの労働者の「結合」を指す用語としては、ドイツ語で、「コンビニーレン」という動詞、未来の協働社会における「結合」を指す時には、「アソツィイーレン」あるいは「フェアアイニゲン」という動詞、という使い分けをしています。訳語では、どちらの場合にも「結合」という同じ言葉を使うことが多いのですが、前者は、資本の意志と指揮のもとでの「結合」、後者は、労働者自身の意志による「結合」で、社会の変革とともに、前者から後者への転化が進行するという関係にあります。

マニュファクチュアから「機械と大工業」の段階へ

次の段階は「分業とマニュファクチュア」（第一二章）です。ここでは、さまざまな種類の部分的な作業にあたる労働者（部分労働者）が、同じ資本家の指揮のもと、一つの作業所で結合し、共同で一つの生産物を完成するという生産形態です。

マルクスは、ここでの労働者の結合の姿を、「全体労働者」の一つの発展形態として特徴づけています。

「マニュファクチュアの生きた機構を形成している結合された全体労働者」（③五九〇ページ、〔Ｉ〕３５９ページ）。「マニュファクチュア時代の独自の機械は、依然として、多数の部分労働者たちから結成された全体労働者そのものである」（③六〇七ページ、〔Ｉ〕３６９ページ）。

機械経営の段階になると、「全体労働者」の態様はいちだんと巨大な姿を示すものとなります。マルクスは、工場制度の研究で著名な経済学者ユアが、機械経営の工場を、一方では、巨大な自動装置に多数の労働者が従属する体制として記述しながら、他方では、さまざまな労働者の協業が巨大な機械体系を動かす体制として描き出している文章を引用したうえで、後者の表現では、「結合された全体労働者または社会的労働体が支配的な主体として現われ、機械的自動装置は客体として現われている」（③七二五ページ、〔Ｉ〕４４２ページ）と書きました。

また機械制工場における「全体労働者」の全体像について、次のような記述をおこなっています。

「自動化工場において分業が再現する限りでは、その分業は、まず第一に、専門化された諸機械のあいだへの労働者の配分、および、工場のさまざまな部門への労働者諸群――とはいえ編制された諸群を形成していないもの――の配分であり、後者では、労働者群は、並列する同種の道具機について労働しており、したがって、彼らのあいだでは単純協業が行なわれるだけである。マニュファクチュアの編制された群に代わって、主要労働者と少数の助手との連関が現われる。本質的区別は、現実に道具機について働いている労働者（これに原動機の見張りまたは給炭を行なう何人かの労働者が加わる）と、これら機械労働者の単なる下働き（ほとんど児童ばかりである）との区別である。この下働きのうちには、多かれ少なかれ、すべての『フィーダー』（機械に労働材料を供給するだけの者）が数えられる。これらの主要部類のほかに、技師、機械専門工、指物職などのような、機械全体の管理とその不断の修理とに従事している数的には取るに足りない人員がいる。それは、比較的高級な、一部は科学的教養のある、一部は手工業的な、労働者部類であり、工場労働者の範囲外のものであって、右の部類のものに配属させられているにすぎない。この分業は、純粋に技術的である」（③七二六～七二七ページ、〔Ⅰ〕442～443ページ）。

この文章を見ると、マルクスが「全体労働者」のなかに数えいれている労働者の範囲が、たいへん広いことに気づかれると思います。

この各種の膨大な労働者群からなる「全体労働者」として、社会変革ののちに生産を担うべき主体が準備されているのです。ユアの先の文章は、その未来を先取り的に反映していたのでした。

(7) 機械と大工業。マルクスに研究の「空白」の時期があった

機械論の途中で起こった草稿執筆の中断

機械と大工業の諸問題を研究する「第一三章　機械と大工業」の章は、新書版で二三〇ページを超える『資本論』第一部の最大の長編で、それに続く長編「第二三章　資本主義的蓄積の一般的法則」に接続する内容をもち、経済学にとどまらず、革命論のうえでも重要な意義をもつ研究でしたが、実は、マルクスの経済学研究の歴史には、この問題での大きな空白の時期がありました。

先ほど（九一ページ）、「相対的剰余価値」の三つの段階についてのマルクスの研究が『六一～六三年草稿』に始まったことについて述べましたが、この時、肝心の機械と大工業の問題に入った段階で、マルクスの筆が止まってしまったのです。「機械。自然諸力と科学の応用（……）」と表題をつけて執筆を始め、最初の数節をノートで一〇ページほど書いたところで、一八六二年三月、執筆を中断してしまいます。これは、一八五七年に経済学の著作草稿の執筆を開始して以来、はじめてのことでした。

そしてマルクスは、構想がほぼまとまっていた「第三章　資本と利潤」の執筆へと方向転換をし、そのあと、これまでの経済学の再研究にとりかかります。彼は、この研究ノートに「剰余価値に関する諸学説」との表題をつけ、一八六二年の末まで、その研究に集中しつづけました〔＊〕。

＊ **「剰余価値に関する諸学説」** 現在、『剰余価値学説史』という表題で全集に収録されているのは、この時期の研究ノートです。マルクスが最後にたてた『資本論』のプランでは、第四部に「理論の歴史」が想定されていましたが（第一部初版への「序言」①一三ページ）、この研究ノートはその草稿にあたるものではありません。さきざき、マルクスが第四部の執筆にあたるときがくれば、「諸学説」が重要な素材となったであろうこと、マルクス自身もそのつもりで、この時期、「諸学説」の研究に取り組んだであろうことは疑いありませんが、マルクスは、第二部の執筆途上で死を迎え、第四部そのものにとりかかる時間はもたなかったのでした。

では、マルクスは、なぜ、『六一～六三年草稿』の途上で、執筆を中断したのか。マルクス自身は、そのことについての何の説明も残していませんが、私は、機械と大工業の実態についての自分の知識があまりにも少ないことを自覚したからだと、推測しています。

マルクスは、エンゲルスとともに『ドイツ・イデオロギー』を書いた一八四五～四六年段階にすでに、大工業段階の重要性に注目し、ブルジョア社会の大工業の段階への発展こそが、私的所有を生産諸力発展の「桎梏《しっこく》」と化させ、共産主義革命の条件をつくり出したのだと強調したものでした（古典選書版四七～五〇ページなど）。そのマルクスが、いざその大工業を正面から研究しようという段になると、機械制大工業に対する自分の実際的知識の貧弱さを実感せざるを得なかったのでした。

実際、マルクスが、草稿の執筆を中断して「諸学説」の研究に転換した時期におこなったのは、地質学研究所での労働者向けの講義の受講をはじめ、機械に対する実際的な知識の習得でした。中断から一〇ヵ月ほどたった六三年一月、マルクスは機械の問題をめぐるこの間の事情を、次のように説明しています。

「機械に関する篇のなかに二、三のことを書き入れるつもりだ。そこには、最初の編成の時には僕が無視していたいくつかの奇妙な問題がある。それを解決するために、技術学に関する僕のノート（書き抜き）を全部読み返した。また、労働者向けのウィリス教授〔＊1〕の実用

（実験だけの）講義も聞いている（ジャーミンストリート、地質学研究所で、そこではハックスリ〔＊2〕も講義をしたことがある）。僕にとって機械学は言語のようだ。数学的な法則はわかるが、観察の必要な技術上の事実となるとどんなに簡単なことでも僕にとっては最大の難物以上に困難なのだ」（エンゲルスへの手紙、一八六三年一月二八日　古典選書『書簡選集・上』二〇七～二〇八ページ）。

＊1　**ウィリス**、ロバート（一八〇〇～七五年）　イギリスの機械、技術学、考古学を専門とする学者で、当時、労働者のための講義をおこなっていました。

＊2　**ハックスリ**、トマス・ヘンリ（一八二五～九五年）　イギリスの著名な自然科学者、生物学者。哲学的には不可知論をとなえました。

こう書き出したマルクスは、機械の構造や歴史についてこの間の特訓から得た知識をエンゲルスに披露します。内容は省略しますが、それは、一〇ヵ月前に草稿に書き込んだ機械論とは、次元が違うと言ってもよいほど、まったく質の違うものでした。

集中研究ののちに――「全体労働者」の前途にかかわる提起

マルクスは、草稿執筆の面でも、一八六三年一月から、機械と大工業の問題でのこの間の勉強の整理を始め、そこから機械論の準備的な草稿の執筆に進みました。そこには、これまでの勉強を生かした新しい論点がいくつも書き込まれましたが、大工業の段階の研究成果をまとまった形で展開するところまではゆきませんでした。

ここでは、『六一～六三年草稿』の最後の部分に書きとめられた新しい探究で、資本主義的生産のもとで形成され、段階的に発展の過程をたどった「全体労働者」の将来展望にかかわる一論点を紹介しておきます。

それは、マルクスが六三年五月に執筆した草稿のなかでおこなった、大工業のもとでの大量の社会的生産手段と労働者との関係についての考察です。

マルクスはまず、資本主義的生産様式のもとでは、機械経営と大工業の発達とともに、「社会的大量の生産手段」が、資本家の所有のもとに現われることに注意を向けます。それとともに、労働者の「結合」や「社会的統一」が進みますが、そこでは、それを「代表している」のは資本家でした（『草稿集』⑨三八九ページ）。

マルクスはつづけて論じます。労働者の社会的統一を資本家が代表しているというこの「対立的形態」がなくなれば、その結果生じるのは、「労働者たちがこの生産手段を、私的諸個人としてではなく社会的に占有している、ということである」（同前）。

マルクスがそこから引き出した結論は、これが、資本主義的所有が解体した時に起こる生産体制変革の内容だということでした。大規模労働に対する「資本家の他人所有が止揚される」ことは、資本家の所有が変革されて、「連合した、社会的な個人の所有としての姿態をとることによってだけ」可能になるのです（同前三九〇ページ）。

マルクスはこの時点ではまだ、「全体労働者」論を展開していませんでしたから、そのことを表現するのに、労働者の「結合」や「社会的統一」、「連合した、社会的な個人」などの言葉を使っています。しかし、ここで述べられているのは、まさに、資本主義的生産のもとで形成され発展を遂げた「全体労働者」の態様こそが、労働者階級を未来社会の担い手として育成してゆく道だという問題にほかなりません。

『資本論』第四篇での「全体労働者」論では、まだこういう展望までは、論及されていません。しかし、マルクスは、明らかに、こういう展望をもって、資本主義的生産の発展段階をたどりながら、「全体労働者」の発達の諸態様を追ってきたのでした。この問題は、『資本論』第一部完成稿では、第七篇で取り組むことになります。

労働者階級が生産過程と未来社会の担い手として成長してゆく過程の追跡、ここに、「賃労働」論（第七篇）の第二の主要な契機がありました。

（8）「機械と大工業」の章のいくつかの論点について

「機械と大工業」の章は、『資本論』のなかでも、とりわけ多面的な内容をもった章ですが、ここでは、とくに見過ごさないで読んでほしいと思ういくつかの点について、若干の解説をしておきたいと思います。

恐慌現象が初めて具体的に研究される

その一つは、恐慌の問題です。資本主義的生産様式のもとで、恐慌がなぜ周期的に起こるかという問題は、資本の「生産過程」に研究対象をしぼった第一部では、とりあげるべき問題ではありません。マルクスは、第七節（「機械経営の発展にともなう労働者の反発と吸引。綿業恐慌」）で、「われわれの理論的叙述そのものがまだ説きおよんでいない純事実的諸関係」に限るとの断り書き（③七七八ページ、〔Ｉ〕４７４ページ）をしたうえで、恐慌問題について、いくつかのかなり立ち入った記述をしています。

第一は、「機械と大工業」の段階で、恐慌現象が激しい形態で起こる根拠の問題です。マルクスは、『六一～六三年草稿』の最後の段階での研究のなかでも、機械制工業が、「事前に規定し規定されたどんな制限」をも顧慮しないで生産を無制限に拡大する傾向をもち（「生産のためのの生産」）、「そこから恐慌、過剰生産等々が生じる」ことを指摘していました（『草稿集』⑨三九〇～三九一ページ）。第七節では、その見方がより立ち入った表現で展開されています。

「工場制度がある程度まで普及し一定の成熟度に達するやいなや、とくに工場制度自身の技術的基礎である機械が、それ自身また機械によって生産されるようになるやいなや、石炭や鉄の生産、ならびに金属の加工および運輸制度が変革され、全体として、大工業に照応する一般的生産諸条件が形成されるやいなや、この経営様式は、ある弾力性を、すなわち突発的で飛躍的な拡大能力を獲得するのであって、この拡大能力はただ原料と販売市場にかんしてのみ制限を受けるにすぎない」（③七七九ページ、〔Ⅰ〕474ページ）。

第二は、マルクスが、このことが引き起こす事態を、恐慌がその破局的な一局面をなす産業生活の循環として記述していることです。

「工場制度の巨大な飛躍的な拡張可能性と世界市場への工場制度の依存性とは、必然的に、熱病的な生産とそれに続く市場の過充をつくり出すが、この市場の収縮とともに麻痺が現われる。産業の生活は、中位の活気、繁栄、過剰生産、恐慌、停滞という諸時期の一系列に転化する」（③七八二ページ、〔Ⅰ〕476ページ）。

これら、第一、第二の諸命題は、恐慌の「根拠」にかかわるマルクスの理論的発展を鮮明にしたものでした。

第三は、綿工業に焦点をしぼって、マルクスが、一七七〇年から一八六三年までの産業循環と綿業労働者の運命の変転を、詳細に描き出していることです〔＊〕。そこには、一八二五年、一八三八年、一八四〇年、一八四七年、一八五七年、一八六二～六三年の大不況、恐慌が記録されています。

＊　**産業循環と綿業労働者の年表**　この記録は、マルクスが、『六一～六三年草稿』で、イギリスの新聞「タイムズ」の記事をもとに作成していたものです（『草稿集』⑨二八四～二八七ページ）。

恐慌の問題では、マルクスが、第一部第二版への「あと書き」のなかで、恐慌を避けられない一局面とする産業循環が、資本主義的生産の特質となっていることについて、二つの重要な指摘をしていることを、補足的に紹介しておきます。

マルクスは、そこでまず、一八二五年の最初の経済恐慌を、大工業が幼年期を脱し、近代的生活循環の開始という段階にたっしたことの表われだと、位置づけました。すなわち、一八二〇～三〇年代のイギリス資本主義の発展段階について、次のように語ったのです。

「一方では、大工業そのものがようやくその幼年期を脱したばかりであって、そのことは、一八二五年の恐慌をもって大工業がはじめてその近代的生活の周期的循環を開始していることによって、すでに証明されている」（①一九ページ、〔Ⅰ〕20ページ）。

同時に、恐慌の周期的襲来という運命からいつまでも逃れられないという事実そのものは、資本主義的生産の歴史的な限界性をしめすものとして、資本家たちを脅かしています。そのことについても、マルクスは、資本主義の「必然的没落」の理解について述べた文章（この書の冒頭、三三ページで紹介した）に続く部分で、次のように述べています。

「資本主義の矛盾に満ちた運動は、実際的なブルジョアには、近代産業が通過する周期的循環の浮沈においてもっとも痛切に感じられるのであって、この浮沈の頂点が――全般的恐慌である」（①二九ページ、〔Ⅰ〕28ページ）。

各所に登場する未来社会論

マルクスはまた、機械と大工業の発達が引き起こしているさまざまな事態、直接的には労働者とその家族などに困難をもたらすような否定的現象のなかにも、社会の発展につながる萌芽を見いだし、そこから多角的な未来社会論を展開しています。

人間教育の問題　マルクスは、工場法が、貧弱な内容であるとはいえ、初等教育を労働の強制的条件として宣言したことをとらえて、未来の教育の在り方を論じています。「未来の教育（は、）

……全面的に発達した人間をつくるための唯一の方法として、一定の年齢以上のすべての児童にたいして、生産的労働を知育および体育と結びつけるであろう」（「第九節　工場立法（保健および教育条項）。イギリスにおけるそれの一般化」、③八三二ページ、〔Ⅰ〕５０８ページ）。

労働現場での労働の転換から　大工業では、労働者のさまざまな職種への労働の転換が日常のこととなりますが、マルクスは、このことを、すべての人間が「さまざまな社会的機能をかわるがわる行なうような活動様式をもった、全体的に発達した個人」となる展望にむすびつけます（同前、③八三八ページ、〔Ⅰ〕５１２ページ）。

そこでは、労働者階級による政治権力のことまで出てきますが、これは、『資本論』で政権獲得の問題が出てくる唯一の個所です。

「工場立法は、資本からやっともぎ取った最初の譲歩として、初等教育を工場労働と結びつけるにすぎないとすれば、労働者階級による政治権力の不可避的な獲得が、理論的および実践的な技術学的教育のためにも、労働者学校においてその占めるべき席を獲得するであろうことは、疑う余地がない。……一つの歴史的な生産形態の諸矛盾の発展は、その解体と新たな形成との唯一の歴史的な道である」（同前、③八三八～八三九ページ、〔Ⅰ〕５１２ページ）。

家族関係の将来像　次は、児童や女性が工場労働に参加したことによる〝家族制度の解体〟を論じるマルクスの見解です。

「資本主義制度の内部における古い家族制度の解体が、どれほど恐ろしくかつ厭《いと》わしいものに見えようとも、大工業は、家事の領域のかなたにある社会的に組織された生産過程において、女性、年少者、および児童に決定的な役割を割り当てることによって家族と男女両性関係とのより高度な形態のための新しい経済的基礎をつくり出す」（同前、③八四二〜八四三ページ、〔Ⅰ〕514ページ）。

農業の社会的再建　農業にたいする資本主義の破壊的作用は世界各国で見られますが、マルクスは、その過程のなかにも、将来の再建への諸条件を探究します。

「資本主義的生産様式は、……農業と工業との対立的に形成された姿態を基礎とする、両者の新しいより高い総合、両者の結合の物質的諸前提をつくり出す。……この資本主義的生産様式は、都市労働者の肉体的健康と農村労働者の精神生活とを同時に破壊する。しかしそれは同時に、あの物質代謝の単に自然発生的に生じた諸状態を破壊することを通じて、その物質代謝を、社会的生産の規制的法則として、また完全な人間の発展に適合した形態において、体系的に再建することを強制する」（「第一〇節　大工業と農業」、③八六七〜八六八ページ、〔Ⅰ〕528ページ）。

社会変革の二つの要素と契機

この第一三章でマルクスが工場法をめぐって展開した考察のなかに、社会変革の展望にかかわる文章があります。その問題を取り上げて、第四篇の探究の結びにしたいと思います。ここで取り上げるのは、工場立法を論じた第九節の最後の文章です。

マルクスは、工場立法が一般化することによって、社会の生産過程に起こる変化を、次の二つの面からとらえます。

工場立法の一般化は、一方では、矮小《わいしょう》な規模の分散した労働過程から　大きな社会的規模での結合された労働過程への転化を広げ、資本の集中と工場体制の排他的支配を一般化し促進する一方、個々の作業所においては、斉一性、規則正しさ、秩序、および節約を強要するなど、「生産過程の物質的諸条件および社会的結合」を成熟させる。

他方で、工場立法の社会への広がりは、資本の支配の古い諸形態を破壊して、資本の直接的なむき出しの支配をもってこれに代え、「資本の支配にたいする直接的な闘争」を一般化するとともに、「全体としての資本主義的生産の無政府性と破局、労働の強度、そして機械と労働者との競争を増大させ」、小経営および家内労働という「過剰人口」の最後の避難所を消滅させ、「全社会機構の従来の安全弁を破壊する」など、「生産過程の資本主義的形態の諸矛盾と諸敵対」とを成熟させる（「第九節　工場立法（保健および教育条項）。イギリスにおけるそれの一般化」、③八六四ページ、〔I〕525~526ページ）

マルクスは、前者の諸傾向を「新しい社会の形成要素」と呼び、後者の諸傾向を「古い社会の変革契機」と名づけ、これらが両面から、社会変革の諸条件を成熟させると、語るのです。ここには、資本主義の「必然的没落」の過程を究明するマルクスの新しい見地が、端緒的な形で顔を出していることを、頭においていただきたいと思います。

（9）第五篇。中間的なまとめ

「第五篇　絶対的および相対的剰余価値の生産」では、これまでの研究を総括しながら、いくつかの重要な概念が、新たに導入されたり意義づけられたりしています。若干の解説をくわえておきます。

ここではまず、これまで見てきた絶対的および相対的剰余価値の生産の総括にたって、「全体労働者」の概念があらためて定義されます。

「生産物は、一般に、個人的生産者の直接的生産物から一つの社会的生産物に、一つの全体労働者、すなわち一つの結合された労働人員――その成員は労働対象の処理に直接または間接にかかわっている――の共同生産物に、転化する。そのため労働過程そのものの協業的性格とともに、生産的労働の概念や、その担い手である生産的労働者の概念も、必然的に拡大される。生産的に労働するためには、みずから手をくだすことはもはや必要でない。全体労働者の器官となって、そのなんらかの部分機能を果たせば十分である」（③八七二ページ、〔Ｉ〕５３１ページ）。

ここでは続いて、「独自の資本主義的生産様式」という新しい概念も提起されます。これはこの生産様式の形成過程にかかわる概念です。

資本主義的生産は、そもそもの初期には、古い生産方法のままで生産する手工業者をその支配下に組み込んで、その生産物の販売から利潤を得るという形で誕生しました。この段階は、古い生産体制を資本の支配下に置いただけですから、マルクスは、これを資本主義的生産への「形式的包摂」と名付けました。

より進んだ段階では、資本は、旧来の生産方法では満足せず、労働者の生産活動そのものを自分の指揮下におき、新しい生産方法で生産にあたろうとします。その諸段階を、私たちは「相対的剰余価値の生産」の篇で見てきたわけですが、これを、マルクスは「実質的包摂」と名づけました。マルクスが「独自の資本主義的生産様式」と呼ぶのは、この段階に入った資本主義的生産のことです〔＊〕（③八七四ページ、〔Ｉ〕５３３ページ）。

＊「**独自の資本主義的生産様式**」　マルクスが、最初にこの概念を使いだしたのは、『六一～六三年草稿』で「相対的剰余価値」の生産を論じ始めたときでした。彼は、「協業」を取り上げたときに、その段階を「生産様式そのものを変化させることによって資本主義的生産様式が独自な生産様式となっている第一の段階」と規定しました（『草稿集』④四一八ページ）。しかし、その当

時は、それ以上の論及はなく、この概念が「独自の資本主義的生産様式」という言葉で表現され、資本主義の発展の高度の段階を示す重要な概念としての役割を発揮しだしたのは、一八六三年一月、中断していた「機械」論の執筆に復帰して以後のことでした（『草稿集』⑨）。

この概念の定義そのものは、『資本論』第一部完成稿でも変わっておらず、協業――マニュファクチュアの段階を含む概念とされています。しかし、この概念がもっとも多出するのは第七篇「第二三章　資本主義的蓄積の一般的法則」のなかですが、マルクスは、この言葉を、資本主義的生産様式のもっとも発達した段階の代名詞ともとれる調子で使っています。ただ、この言葉には、段階的な意味だけではなく、生産過程の技術的内容という性格づけが含まれていることも、注意してください。たとえば、マルクスが「独自の資本主義的生産様式の発展」というときには、その生産体制がより進んだ技術的な内容をもつようになったことを指すのです。

なお、この「独自の資本主義的生産様式」という規定については、不破『「資本論」はどのようにして形成されたか』（二〇一二年、新日本出版社）の「Ⅲ　『独自の資本主義的生産様式』――この規定の誕生と発展を追跡する――」（一七一～二二〇ページ）も参照してください。

新書版では、訳語が統一されておらず、「特殊な資本主義的生産様式」（③八七四、八七五ページ、「独自的資本主義的生産様式」（④一〇七四、一〇七五、一〇八二ページ）、「独自的資本主義的生産方法」（④一〇七六ページ）などが、混在していますのでご注意ください。

第一五章（「労働力の価格と剰余価値との大きさの変動」）と第一六章（「剰余価値率を表わす種々の

定式」）は、数字的な変動関係の吟味を主題とした章で、とくに解説することはありませんが、その中にも、思わぬところで、きらりと光る論評に出会うことができるのは、たいへんマルクス的です。

ここでとくに注目するのは、第一五章の最後のところにある三つの文章です。三つとも、資本主義社会の限界やその廃止、それに代わる新しい社会の特徴づけを問題としており、資本主義社会における労働時間の長さや強度をとりあげた論考のなかに、突然、社会変革の展望が出てくる。このあたりにも、『資本論』の面白さがあります。

第一の文章は、労働日の短縮を検討する中で、出てきます。

「労働日の絶対的な最小限度は、一般に、この労働日のうちの必要な、しかし収縮しうる構成部分によって形成される。全労働日がそこまで収縮するならば、剰余労働が消滅するであろうが、このようなことは資本の支配体制のもとでは不可能である。資本主義的生産形態が廃止されれば、労働日を必要労働に限定することが可能となる。とはいえ、必要労働は、他の事情が同じままであれば、その範囲を拡大するであろう。なぜなら、一面では、労働者の生活諸条件がもっと豊かになり、また彼の生活上の諸要求がもっと大きくなるからである。他面では、こんにちの剰余労働の一部は、必要労働に、すなわち社会的な予備元本および蓄積元本の獲得に必要な労働に、算入されるであろう」（③九〇五～九〇六ページ、〔Ｉ〕５５２ページ）。

資本主義的生産形態が廃止された場合、労働者の生活がどのように激変するかが、簡潔な文章の中で、きわめて具体的に説明されています。

第二の文章には、労働の問題では「節約」に熱中する資本主義が、自分たちの経済活動そのものでは、際限のない浪費を特質としていることへの、きわめて痛烈な批判があります。

「資本主義的生産様式は、個々の事業所内では節約を強制するが、その無政府的な競争制度は、社会的な生産手段と労働力の際限のない浪費を生み出し、それとともに、こんにちでは不可欠であるがそれ自体としては不必要な無数の機能を生み出す」（③九〇六ページ、〔Ⅰ〕同前）。

第三の文章は、労働と諸個人の自由との関係についての考察です。ここでは、資本主義と社会主義の区別には言及していませんが、最初の部分では、搾取のない共同社会での労働の配分の変化が、諸個人の自由な活動のためのどんな新しい条件を生み出すかが展望され、最後の文章では、支配階級の「自由な時間」が労働者大衆からの自由な「生活時間」の剥奪という犠牲によって生み出されていることがきびしく告発されています。

「労働の強度と生産力が与えられているならば、そして労働が社会のすべての労働能力のある成員のあいだに均等に配分されていればいるほど、また、ある社会層が労働の自然的必要性を自分から他の社会層に転嫁することができなくなればなるほど、社会の労働日のうちで物質的生産のために必要な部分がそれだけ短くなり、したがって、諸個人の自由な精神的および社会的な活動のために獲得される時間部分がそれだけ大きくなる。労働日短縮のための絶対的な限界は、この面からすれば、労働の普遍性である。資本主義社会においては、一階級の自由な時間は、大衆のすべての生活時間を労働時間へ転化することによって生み出される」(③〔Ⅰ〕とも同前)。

この文章は、第三部第七篇の冒頭部分で取り上げられる未来社会論への、導入部分ともなっています［補注］。

補注　「剰余価値の性格」――『六一～六三年草稿』から

マルクスは、『六一～六三年草稿』で「絶対的剰余価値」を論じたとき、「剰余価値の性格」という一節を立てて、労働者への搾取が存在する社会では、自由の問題で、労働しない階級と労働する大衆との間に深刻な矛盾が存在することを、詳細に論じました(『草稿集』④二九六～三〇一ページ)。

「労働せずに(使用価値の生産に直接参加せずに)生きていく人々が少しでもいるような社会が存在する場合には、社会の上部構造の全体が労働者の剰余労働を存在条件としていることは明らかである。……余暇のためであろうと、直接には生産的でない諸活動(たとえば戦争や国家機関）の遂行のためであろうと、直接的に実用的な目的を追求するのではないような人間の諸能力や社会的諸力能（芸術等々、学問）の発展のためであろうと、彼らが思うままに処分できる自由な時間は、労働する大衆の側での剰余労働を前提する。……一方の側での人間諸能力の発展は、他方の側での発展を押し止めるような制限を基礎としている。これまでのすべての文明や社会的発展は、これらの敵対を基礎としているのである。……社会はこのように、その物質的土台をなす労働する大衆の発展喪失状態によって、つまり対立において、発展するのである」（同前二九六〜二九七ページ）。

「剰余生産物が、労働する階級以外の生活しているすべての階級の、社会の全上部構造の、物質的な存在基盤なのである。この剰余生産物は同時に時間を自由にして〔時間をつくって〕、これらの階級に、〔労働する能力以外の〕そのほかの能力の発展のための、思うままに処分できる時間を与える。一方の側での剰余労働時間の生産は、このように、同時に他方の側での自由な時間の生産である。人間の自然的な生存のために直接に必要な発展を越えるものであるかぎりでの人間的発展の全体が、この自由な時間の利用にほかならないのであり、この時間をその欠くべからざる土台として前提するのである。社会の自由な時間はこのように不自由な時間、つまり自分自身の生存に必要な労働時間を越えて延長された労働者の労働時間、この時間の生産によって生産されている。一方の側での自由な時間が他方の側での隷属化された時間に対応するのである。

ここで考察している剰余労働の形態——必要労働時間の限度を越えて〔労働時間が延長されるという形態〕——は、純粋な自然関係を越える発展が、したがってまた敵対的な発展が生じており、一方の人々の社会的発展が他方の人々の労働をその自然的土台とするような、そのような社会形態のすべてと資本とに共通のものである」（同前二九七〜二九八ページ）。

「植物が大地によって、動物が植物または草食動物によって生きていくのと同様に、社会のうち、自由な時間をもつ、生活手段の直接的生産に吸収されない、思うままに処分できる時間を持つ部分は、労働者の剰余労働によって生きていく。それゆえ、富とは思うままに処分できる時間である」（同前二九九ページ）。

労働時間と人間の自由についてのこの考察は、『六一〜六三年草稿』のなかで、にわかに現われたものではありません。マルクスは、『五七〜五八年草稿』でも、この問題をくりかえし取り上げていました（『草稿集』②三七九〜三八一、三九一〜三九二、四九四〜四九五、四九九〜五〇〇ページ）。

マルクスの研究は、『六一〜六三年草稿』のなかでも、さらに続きました。一八六二年以後、「諸学説」に取り組む中で、その見地をさらに深く発展させ、『資本論』のなかで展開すべき未来社会論の基礎をきずいていったのです（「l　経済学者たちにたいする反対論（リカードゥの理論を基礎とする）」の「一、『国民的苦難の根源と救済策。……ジョン・ラッセル卿あての書簡』、ロンドン、一八二一年（匿名）」。この論評は一八六二年一〇月執筆。『草稿集』⑦三一二〜三一四ページ）。

この研究史には、自由な時間の追求にこそ、未来社会論の本論があることが、きわめて具体的な内容で示されている、と思います。

(10) 第六篇　労賃

この篇は、最初のプランでは、「賃労働」の部に予定されていたもので、「資本」と「賃労働」の部の統合という新構想のもとで、新たに執筆されたものです。

マルクスは、この篇をたいへん重視していました。デューリング〔*〕がドイツの雑誌に書いた『資本論』書評を読んで、一八六八年一月八日、それを批判した二通の手紙をエンゲルスに送りましたが、最初の一通では、デューリングがマルクスの弁証法を理解していないことを、次の手紙では、「彼がこの本の三つの根本的に新しい要素を感じ取っていない」ことを問題にしました。

＊　**デューリング**、オイゲン（一八三三～一九二一）　ドイツの経済学者で、当時はベルリン大学の講師を務めていました。一八七〇年代後半には、ドイツ社会民主党内の反マルクス的潮流の理論的代表者となり、エンゲルスの痛烈な批判書『反デューリング論』の対象となりました。

この時、マルクスが「もっとも新しい要素」の三点として挙げたことの一つが、この労賃論でした（後の二点は、（1）地代、利潤、利子などの分割される以前の「剰余価値の一般的な形態」を扱っていること、（2）商品が価値と使用価値の二重物であることの根底にある「労働の二重の性格」を明らかにしたこと）。

「はじめて労賃が、その背後に隠れている関係の非合理的な現象形態として示され、このことが労賃の二つの形態である時間賃金と出来高賃金とによって精確に示される、ということ」（古典選書『書簡選集・中』三八ページ）。

労賃とは、労働力の価値であって、資本家はこの労働力によって、支払った価値よりも大きな価値をうみださせることで、剰余価値を得ます。資本主義的搾取のこの秘密を暴き出したところに、マルクスの剰余価値論の核心がありました。

労賃は、時間賃金あるいは出来高賃金という形態をとりますが、これはどちらも、搾取の秘密をおおいかくし、いかにも資本家が、「労働」の全体に対して支払いをしているように見せかける「非合理的な現象形態」なのです。そのことが、この篇では、精密で痛烈な論理をもって明らかにされています〔＊〕。マルクスは、『資本論』全巻の最後に、「三位一体的定式」という一章を立てて（第三部第七篇第四八章）、資本関係の神秘化の極致をなす「資本――利子、土地――地代、労働――労賃」という定式について論じますが、第一部第六篇の労賃論で解明されているのは、まさにその神秘化の一極にほかなりません（後の二つの極の神秘化の分析は、第三部の第一篇・第五篇［利潤・利子論］および第六篇［地代論］の主題となります）。

＊ **労賃の「非合理的な現象形態」** 日本の賃労働では、時間賃金および出来高賃金の非合理性に、日本特有の「年功序列型」という賃金形態の非合理性がさらに加わります。

この賃金形態の特徴は、労働力の価値分の支払いにさらに格差をつけて、年功の低いものには労働力の価値相当分以下の支払いで済ませるという、日本特有の労賃の「非合理的な現象形態」です。なお、非正規労働者への差別賃金の問題は、第七篇の対象になります（第二三章）。

資本主義的搾取をおおいかくす神秘的な現象形態は、それを歴史上の他の搾取形態と比較すると、ただちにその本性を現わします。マルクスは、封建社会の夫役労働、奴隷制社会の奴隷労働と資本主義社会の賃労働とを比較して、次のように書きました。

「夫役労働では、自分自身のための夫役者の労働と領主のための彼の強制労働とは、空間的にも、時間的にも、はっきり感性的に区別される。奴隷労働では、労働日のうち、奴隷が自分自身の生活手段の価値を補填するにすぎない部分、したがって、彼が実際に自分自身のために労働する部分さえも、彼の主人のための労働として現われる。彼のすべての労働が不払労働として現われる。その反対に、賃労働では、剰余労働または不払労働さえも支払労働として現われる。奴隷の場合には所有関係が、奴隷の自分自身のための労働を隠蔽し、賃労働の場合には貨幣関係が、賃労働者の無償労働を隠蔽する」（④九二三〜九二四ページ、〔Ⅰ〕562ページ）。ここには、資本主義社会を、人間社会の歴史の中の一つの経過的社会としてとらえることで、その本性を明るみにだす――マルクスのこういう歴史的方法が、その威力を発揮したみごとな一例があります。

（11）第七篇　資本の蓄積過程（その一）　蓄積の理論問題

「第七篇　資本の蓄積過程」は、第二一章から第二五章までの五つの章からなっていますが、その内容から見て、「第二三章　資本主義的蓄積の一般的法則」は、完成稿ではじめて書き起こした部分、それ以前の章は初稿を修正・加筆して仕上げた部分、と推定されます〔＊〕。

＊　**マルクスの六二年プラン**　マルクスは、『六一〜六三年草稿』の後半部分に第一部の章別プランを書きつけていました（執筆時期はほぼ一八六二年一二月〜六三年一月と推定される）。そこでは、第七篇に対応する部分の構成が、「六、剰余価値の資本への再転化。本源的蓄積。ウェイクフィールドの植民理論」と表記されていました（『草稿集』⑧五四二ページ）。このプランは、若干の変動はあるものの、第一部初稿の構成を読みとる指針になりうるものと考えます。

前半の二つの章から、要点を見てゆきましょう。

商品生産の諸法則の資本主義的取得の諸法則への〝弁証法的転換〟

まず「資本の蓄積過程」とは何か、という問題です。一口で言えば、これまで一回一回の断面でとらえてきた資本の生産過程（労働者の搾取過程）を、今度は連続的にくりかえす流れのなかで研究しよう、ということです。マルクスは、この過程を、まず同じ規模で生産過程をくりかえす「単純再生産」として（「第二一章　単純再生産」）、次いで剰余価値を投下することによって生産規模を拡大する「拡大再生産」として（「第二二章　剰余価値の資本への転化」）、研究します。

重要なことは、最初の投資の時には、資本家が自分の保有する資金を生産過程に投入するのだとしても、再生産過程がくりかえされると、やがては、投下資本のうち、資本家自身の資産だといえるものがなくなってしまい、投下資本の全体が労働者から搾取した剰余価値の転化形態に変わってしまう、ということです。

マルクスは、簡単な例で、そのことを証明してみせます。

投資家が一〇〇〇ポンドの資本を投下し、二〇〇ポンドの剰余価値を得て、それを自分で消費するとします。同じことが五年間くりかえされるとどうなるか。資本家が消費した剰余価値の総額は、200ポンド×5＝1000ポンド。最初に投下した資本の分は、資本家自身がすっかり消費してしまい、生産過程で活動している一〇〇〇ポンドは、全部労働者から搾取した五年分の剰余価値の総合計だということではありませんか。

「およそ蓄積というものをまったく無視しても、生産過程の単なる継続、あるいは単純再生産は、長かろうと短かろうと、ある期間ののちには、どの資本をも蓄積された資本または資本化された剰余価値に必然的に転化させる」（④九七七ページ、〔Ⅰ〕595ページ）。

拡大再生産の場合には、この過程はさらに加速されます。旧来の資本に追加資本が加わりますが、追加資本は、剰余価値の一部あるいは全部が資本に転化したものです。この部分に関する限り、資本家はもはやそもそもの過去をふりかえっても、自分の財産で生産過程を遂行するとは言えません。ここに始まるのは、労働者から搾取した剰余価値を資本として新たな労働者を搾取する、という過程です。そして、拡大再生産がくりかえされてゆけば、蓄積された剰余価値が、投下される資本の圧倒的部分をなすことになるでしょう。労働者の搾取で得た剰余価値をもって労働者を搾取する資本主義的生産の本質がむき出しの姿で現われてきたのです。

マルクスは、この過程の全体を〝弁証法的転換〟と呼び、次のように語っています。

「商品生産および商品流通にもとづく取得の法則または私的所有の法則は、明らかに、それ独自の内的で不可避的な弁証法によって、その直接の対立物に転換する」（④一〇〇〇ページ、〔Ⅰ〕609ページ）。

商品生産の法則は、価値法則、すなわち、同じ価値の商品同士を交換する等価交換の法則です。その世界で、資本家は、自分は何の生産活動もしないで、他人の労働の生産物を取得する権利をどうしてもつのか。それは、商品世界の法則の真っ向からの侵犯ではないのか。

この問題は、すでに「貨幣の資本への転化」（第二篇）、「絶対的剰余価値の生産」（第三篇）で解明した問題ですが、マルクスは、同じ問題に、今度は商品生産の諸法則という角度から取り組みます。

資本家のもとでの商品の生産過程は、三つの局面から成り立ちます。

1．資本が労働力を購入する。ここでは、商品交換の法則が働きます。

2．資本が、購入した労働力を使用して、新たな価値を持つ商品を生産する。これは、商品世界の市場法則の埒外《らちがい》の問題であって、生産された商品がどれだけの価値をもとうと、商品交換の法則を侵犯することではありません。

3．資本は、生産された商品（剰余価値分を含む）を販売します。ここでも、商品交換の法則が働きます。

この過程を全体として見て、マルクスは言います。

「各々の交換行為――個別的に見た――において交換の諸法則が守られる限り、取得様式は、商品生産に適合する所有権にはなんら触れることなしに、全面的な変革をこうむることができる」（④一〇〇六ページ、〔Ⅰ〕613ページ）。

「商品生産は、賃労働がその基盤となるときはじめて、全社会に自分を押しつける。さらにまた、そのときはじめて、商品生産は隠されたすべての力能を現わす。……商品生産がそれ自身の内的諸法則に従って資本主義的生産に成長していくのと同じ程度で、商品生産の所有諸法則は資本主義的取得の諸法則に転換する」④〔I〕とも同前)。

資本蓄積にかんするアダム・スミスの誤った見解

マルクスは、第二二章の第二節(「拡大された規模での再生産にかんする経済学上の誤った見解」)で、資本の蓄積の問題に関連して古典派経済学のなかに深く根をおろしていた誤り――アダム・スミスの誤りを取り上げます。

スミスの誤りとは、資本の再生産過程の分析の際に、拡大再生産の際に追加的に投下される資本は、すべて可変資本(労働者)に充てられるとして、不変資本の問題をまったく消し去ってしまったことにありました。そして、このことは、より重大な意味をもつ誤り、商品の価値は、「賃金・利潤および地代」からなるとして、不変資本の存在を無視するという驚くべき誤りと結びつきました〔*〕。この誤りは、リカードゥその他にも無批判に引き継がれ、古典派経済学の最大の弱点となっていたのです。

* **スミスの誤り**　「賃銀・利潤および地代は、いっさいの交換価値の三つの本源的な源泉である

と同時に、いっさいの収入の三つの本源的な源泉である」(『諸国民の富』岩波文庫版(1)一九六ページ)。

マルクスは、ここではスミスの誤りの重大性を指摘するにとどめて、「注」のなかで、「これについてより詳細には、第三部、第七篇で論究される」と書きました(④一〇一四ページ、〔I〕617ページ)。これは、一八六五年にすでに草稿を書きあげていた第三部第七篇のなかで、詳細なスミス批判をおこなっていたからでした(現行『資本論』第三部の「第四九章 生産過程の分析によせて」および「第五〇章 競争の外観」)。その後、マルクスは、第二部の第八草稿(一八八〇〜八一年)を執筆した際に、より包括的で綿密なスミス批判を、再生産論に関する諸学説批判のなかで展開しました。マルクスの死後、第二部を編集して、そこでのスミス批判の存在を知ったエンゲルスは、その事実を反映させるために、『資本論』の第四版を刊行するさいに、この「注」に、「第二部、第三篇、および」という文章を書き加えたのです(マルクスの数次にわたるスミス批判の問題は、第三部第七篇の解説のところで検討したいと思います)。

「生産のための生産」──資本の致富衝動と「必然的没落」

マルクスは続く第三節(「剰余価値の資本と収入とへの分割。節欲説」)で、資本主義的生産の競争法則が、資本家を「蓄積のための蓄積」、「生産のための生産」に駆り立て、自身を資本主義的生産様式の「過渡的必然性」（言い換えれば「必然的没落」）の担い手とすることを明らかにします。

代表的な二つの文章を紹介しておきましょう。

「資本家は、人格化された資本である限りにおいてのみ、一つの歴史的価値をもち、また、機知に富んだリヒノフスキが言うように、いかなる日付もないではないあの歴史的存在権をもつ。その限りでのみ、彼自身の過渡的な必然性が、資本主義的生産様式の過渡的な必然性のうちに含まれる。しかし、その限りではまた、使用価値と享受ではなく、交換価値とその増殖とが、彼の推進的動機である。価値増殖の狂信者として、彼は容赦なく人類を強制して、生産のために生産させ、それゆえ社会的生産諸力を発展させ、そしてまた各個人の完全で自由な発展を基本原理とする、より高度な社会形態の唯一の現実的土台となりうる物質的生産諸条件を創造させる。資本の人格化としてのみ、資本家は尊敬に値する。……そのうえ、資本主義的生産の発展は、一つの産業的企業に投下される資本が絶えず増大することを必然化し、そして競争は個々の資本家にたいして、資本主義的生産様式の内在的諸法則を外的な強制法則として押しつける。競争は資本家に強制して、彼の資本を維持するためには絶えず資本を拡大させるのであるが、彼は累進的蓄積によってのみそれを拡大することができる」（④一〇一五～一〇一六ページ、〔Ⅰ〕618ページ）。

「蓄積のための蓄積、生産のための生産、この定式で古典派経済学はブルジョア時代の歴史的使命を表明した」（④一〇二一ページ、〔Ⅰ〕621ページ）。

第一の文章の頭に出てくるリヒノフスキなる人物の話には、一八四八年のドイツ革命のさい、フランクフルトの国民議会でポーランド問題の論戦中に起こったエピソードがありました。リヒノフスキは、プロイセンの大地主出身の反動的将校で、ポーランドが独立の歴史的権利をもつことを主張する左派に反論しようとして演壇に立ったのです。しかし、〝歴史的権利には日付がない〟と言おうとしたが、文法にかなった言い回しができず、満場の爆笑のなか四回も言い方を換えて、天下に恥をさらしました。エンゲルスは、「新ライン新聞」紙上の論説「フランクフルトにおけるポーランド討論」（一八四八年八月九日付から九月七日付まで、八回にわたる連続論説）で、その状景をリアルに描き出しました（全集⑤三五三～三五四ページ）。『資本論』はそれから一九年後に刊行されたのですが、おそらくドイツでは、リヒノフスキといえばすぐその話を思い出すぐらい、とくに民主主義派のあいだには長く記憶された愉快なエピソードだったのでしょう。

蛇足になるかもしれませんが、マルクスの「過渡的な必然性」という言葉の意味について、一言しておきます。それは、資本家が「生産のための生産」を旗印にして社会的生産力の発展を推進すればするほど、それが来るべき未来社会の土台をなす物質的生産諸条件を創造することになるのだ、という指摘です。そして、その未来社会を、マルクスは、「各個人の完全で自由な発展を基本原理とする、より高度な社会形態」と特徴づけます。第一篇第一章の物神的崇拝をとりあげた節で、未来社会を「自由な人々の連合体」と呼んだことを思い出してください（本巻六一ページ)。マルクスにとっては、人間の自由こそが、未来社会の最大の特徴なのです〔*〕。

＊ **未来社会と自由** 一八九〇年代に、カネパというイタリアの社会主義者から、エンゲルスのところへ、「きたるべき社会主義時代の理念を簡潔に表現する標語を示してほしい」という依頼の手紙が飛び込んできました。カネパは、その手紙の中で、旧時代を特徴づけた「一方が支配し、他方が苦しむ」というダンテの言葉をあげたうえで、新時代を特徴づける標語を求めてきたのでした。

これにたいして、一八九四年一月九日、エンゲルスが送った回答は、次のようなものでした。

「私は、近代の社会主義者のなかで偉大なフィレンツェ人〔ダンテのこと――不破〕と対《つい》をなすことができるように思えるただひとりの人であるマルクスの著作のなかに、あなたが所望されているような標語を見つけだそうとしました。しかし、私が見つけることができたのは、『共産党宣言』に述べられている次の一節だけでした。すなわち、『たがいに衝突しあう階級に分裂している旧ブルジョア社会にかわって、各人の自由な発展が万人の自由な発展の条件であるような一つの結合社会が現われる』」(古典選書『書簡選集・下』二四五ページ)。

ここにも、人間の自由な発展を未来社会の最大の特徴とすることへの、もう一つの有力な証言があると思います。

（12）資本の蓄積過程（その二）労働者階級の運命

主題は「資本の増大が労働者階級の運命におよぼす影響」

「第二三章　資本主義的蓄積の一般的法則」に進みましょう。この章は、全体が、完成稿のために新たに書き下ろされたものです。

マルクスは、冒頭、この章の主題について、次のように述べます。

「本章では、資本の増大が労働者階級の運命におよぼす影響を取り扱う。この研究にあたってのもっとも重要な要因は、資本の構成と、蓄積過程の進行中にそれがこうむる諸変化とである」（④一〇五三ページ、〔I〕６４０ページ）。

私たちは、「資本」の部と「賃労働」の部の統合という新しい構想のもとで、「絶対的剰余価値の生産」の篇では、自分と階級の生活と存続のための階級闘争の必然性を、「相対的剰余価値の生産」の篇では、資本主義的生産が機械制大工業の段階を迎えるなかで、労働者階級が未来社会で生産を担う主体として発展する姿（「全体労働者」）を見てきました。この章では、「資本の増大が労働者階級の運命におよぼす影響」が正面からの主題となる、というのです。どんな運命が展開されるのか。私たちも、このことがこの章の主題であることをしっかりと頭において、読み進んでゆきたいと思います。

「資本の構成」。マルクスの取り組みの歴史

「資本の構成」とは。続いてマルクスは、この研究のもっとも重要な要因は、「資本の構成と、蓄積過程の進行中にそれがこうむる諸変化と」だと書いています。

資本の構成とは、不変資本部分と可変資本部分とがどういう構成になっているか、ということで、マルクス独特の概念です〔＊〕。

＊ **資本の構成**　本書では、「資本の構成」という一般的な言葉で説明を進めますが、文中の引用文には、より立ち入った規定も出てくるので、関係する規定を紹介しておきます。

価値構成。資本が、不変資本（生産手段の価値）と可変資本（労働力の価値）とに分割される比率。

技術的構成。充用される生産手段の総量とその充用に必要な労働量との比率。

有機的構成。両者を統一した規定。「技術的構成によって規定され技術的構成の変化を〔自

己のうちに〕反映する限りでの資本の価値構成」（④一〇五三ページ、〔I〕640ページ）。

これは、資本主義の運命に重要な役割をはたすものですが、マルクス以前の経済学では、まったく問題になりませんでした。不変資本と可変資本という概念自体、剰余価値の理論を確立したマルクスが、その立場から導入した概念でしたから、それ以前の経済学者たちが、「資本の構成」の概念と無縁だったのは、当然のことでした。

しかし、そのマルクスにしても、「資本の構成」という概念の活用の過程は、複雑な曲折を経るものとなりました。

（一）利潤率の低下の法則の発見。マルクスが「資本の構成」、すなわち、不変資本と可変資本の割合をはじめて経済学上の問題としたのは、『五七〜五八年草稿』においてでした。この草稿で、それが出てくるのは、「第三の項目　果実をもたらすものとしての資本。利子。利潤。（生産費用、等々）」と題する章（のちに「資本と利潤」と呼ばれることとなった）の冒頭部分です。

そこでマルクスは、利潤を「資本の価値で測られた剰余価値」と定義した後（『草稿集』②五五三ページ）、剰余価値の利潤への転化が持つ意義を考察することも、一般的利潤率の成立の問題に言及することもなく、生産力の発展は、固定資本の増大をともなうから、「生きた労働と交換される資本〔部分〕〔つまり可変資本――不破〕の、不変価値として存在する資本部分にたいする比率の減少として表現される」と論じ、そこから「利潤の率は低下する」という結論を、一瀉千《いっしゃせん》里《り》といった勢いで引き出します（同前五五五ページ）。「第三の項目」の内容は、この結論をだすことに尽きるといった印象が、そこにはありました〔＊〕。

＊　これは私の推論ですが、マルクスが一八五七年に経済学の著作という念願の事業を開始する決断をした背景には、利潤率の低下の法則の科学的根拠を発見したことで、この著作を結論部分まで完成できるという見通しを得たことが、重要な要因の一つとしてあったのではないでしょうか。

この草稿でのマルクスの筆の進め方には、あれこれと模索しながら書き進めるという場合が非常に多いのですが、「第三の項目」のこの部分が、結論に向かってためらいなしに走り進むという勢いで書かれているところには、画期的な発見を早く文章化したいというマルクスの思いが読み取れる気がします。

利潤率の低下という現象は、スミスやリカードゥも気づいていて、そこから資本主義の前途に非常な危機感を抱きながら、その原因を見いだせずにいた重大問題でした。マルクスは、「剰余価値」論を確立し、それをもとに「不変資本」と「可変資本」という規定づけに進むなかで、経済学者たちを長年悩ませてきたこの難問に、誰をも納得させる力をもつ見事な解決を与えたのです。これは、科学的経済学の誇るべき勝利というに値する一大発見でした。

（二）この法則を「必然的没落」の実証ととらえる。ところが、問題はその先にありました。

マルクスは、スミスやリカードゥを悩ませた資本主義の前途への危機感を、そのまま引き継いで、この利潤率の低下現象のうちに、資本主義的生産様式の「必然的没落」の実証がある、という結論にまで進んでしまったのです。

彼は、利潤率の低下の法則は、「あらゆる点で、近代の経済学の最も重要な法則であり、そしてもっとも困難な諸関係を理解するための最も本質的な法則である。それは、歴史的見地から見て、最も重要な法則である」（同前五五七ページ）と意義づけ、この法則が、資本主義的生産を「社会的生産のより高い段階」（同前五五九ページ）に交代させる決定的な力となる、と論じます。

「現存する……富の一切の条件は……生産諸力の発展がある一定の点にまで達すると、資本の自己増殖を措定するのでなく、それを止揚する……。生産諸力の発展が、ある一定の点を越えると、資本にとっての制限となり、したがって、資本関係が労働の生産諸力の発展にとっての制限となるのである。この点に達すると、資本、すなわち賃労働は、社会的富と生産諸力との発展にたいして、同業組合制度、農奴制、奴隷制がはいったのと同じ関係にはいり、そして桎梏として必然的に脱ぎすてられる。それとともに、一方の側では賃労働という、他方の側では資本という、人間の活動がとる最後の隷属姿態が脱ぎ捨てられるのであって、この脱皮それ自体が、資本に照応する生産様式の結果である」（同前五五八ページ）。

マルクスはさらに、資本の支配が終末に進む現実の姿にも筆をすすめ、「これらの矛盾はもろもろの爆発、激変、恐慌をもたらす」、「規則的に生じるこれらの破局」の「さらに高い規模での反復」、「そして最後には、資本の強力的な転覆にいたる」という言葉でそれを結びました（同前五五九ページ）。

（三）**理論と現実の矛盾**。マルクスは、この見地を、一八六四年後半に第三部の最初の三つの篇を執筆するときまで持ち続けました。ただ、そこには、マルクスを悩ませた理論上の問題が、二つあったようです。

一つは、マルクスは、利潤率の低下が資本主義の没落の要因として現われる具体的な姿を「恐慌」の反復に求めたのですが、利潤率の低下を恐慌と結びつける理論的な組み立てがうまく成立しなかったことです。

もう一つは、この理論的設定と資本主義の発展との矛盾です。たしかに恐慌は周期的に起こりますが、恐慌期が過ぎると、資本主義は前回の周期を大きく上回る繁栄を取り戻し、衰退現象を見せないのです。マルクスは、この矛盾を解決するために、一八六四年、『資本論』の第三部でこの問題を扱ったときには、法則の呼び方をかえて「利潤率の傾向的低下」と、より緩和した表現を使い、「反対に作用する諸原因」（⑨三九六ページ、〔Ⅲ〕242ページ）という特別の一章を設けて、なぜ事態が〝傾向的な〟形でしか現われないかの理論づけをしようとしましたが、この問題をめぐる理論と現実の矛盾は、そういうことで解決できる程度の問題ではありませんでした。

（四）**恐慌の運動論とともに決定的転機がくる**。その時、マルクスの思考を転換させる決定的な転機が訪れました。

第三部のこの部分を書いて数ヵ月後、第二部の最初の草稿を書き始めるなかで、マルクスは、恐慌の運動論を発見しました（一八六五年初め）。それによると、恐慌の起こる仕組みは、利潤率の低下の問題とは、まったく無縁のところにありました。この発見は、恐慌の見方の転換だけでなく、資本主義的生産様式の没落の必然性についての『五七〜五八年草稿』以来の理論的見地の全体を、根本的に見直す転機ともなったのでした。

新たに発見された恐慌の運動論の内容は第二部での問題となりますが、マルクス自身は、運動論の発見の一年後に、『資本論』完成稿の執筆を開始し、その発見がもたらした理論的転換の全体を頭においた上で、第二三章の執筆にあたりました。

この転換がそこにどういう内容で現われるのか、そのことを頭において、第二三章におけるマルクスの新しい理論展開を読んでゆきたい、と思います。

資本構成の変化のもとで資本主義的蓄積は極度の発展をとげる

マルクスは、この第二三章では、資本主義的蓄積の過程を、一貫して、資本構成の高度化にともなう労働力の需給関係の変動という視角から追跡します。後で、第三部の関係個所（「第三篇 利潤率の傾向的低下の法則」）で私たちが目にするような、資本の構成の変化（可変資本部分の相対的縮小）が資本主義的生産の危機をもたらすといった見方や、その角度から事態を吟味するといった論調は、どこにも残っていません。

第一節（「資本の構成が不変な場合における、蓄積にともなう労働力需要の増大」）では、資本構成が不変な条件のもとでの蓄積過程の検討、第二節（「蓄積とそれにともなう集積との進行中における可変資本部分の相対的減少」）では、可変資本が相対的に減少するという条件のもとでの検討がされます。

以前の見解では、第二節で扱う過程こそ、資本主義の危機が表面化する過程となるはずでしたが、マルクスがここで描き出しているのは、生産過程の技術的発展、資本の集積と集中、それを促進する信用制度の巨大化などなどの条件のもとで、「独自の資本主義的生産様式」が高度の発展〔＊〕を遂げてゆく姿です。資本構成の変化が資本主義的発展に果たす役割の評価は、第三部第三篇（一八六四年執筆）時点の論稿とくらべて、文字通り一八〇度の転換をとげたのです。

＊　「独自の資本主義的生産様式」の規定については、本巻一一〇～一一一ページの注を参照してください。

可変資本の相対的な減少によって進む資本構成の変化は、資本主義的生産の危機や没落の要因ではなく、資本主義的蓄積の急速な進行にともなう当然の、むしろ積極的な現象として意義づけられています。

「蓄積の進行は、可変資本部分の相対的大きさを減少させるとしても、だからといって、可変資本部分の絶対的大きさの増加を排除するわけでは決してない。ある資本価値が、当初は五〇％の不変資本と五〇％の可変資本とに分かれ、のちには八〇％の不変資本と二〇％の可変資本とに分かれると仮定しよう」（④一〇七三～一〇七四ページ、〔Ⅰ〕652ページ）。

以前のマルクスだったら、利潤率が二〇％に低下することを心配したでしょう。しかし、いまのマルクスは違います。

「労働にたいする需要を二〇％増加するためには、以前には二〇％の資本増大で十分であったであろうが、いまでは最初の資本を三倍にすることがそのためには必要だということになる」（④一〇七四ページ、〔Ⅰ〕同前）。

新しい見地では、可変資本部分の相対的減少は、否定的な現象ではなく、独自の資本主義的生産様式の蓄積過程の当然の、積極的な現象なのです。

「ある一定程度の資本蓄積が独自の資本主義的生産様式の条件として現われるとすれば、逆作用としてこの生産様式が資本の蓄積の加速化を引き起こす。それゆえ、資本の蓄積にともなって独自の資本主義的生産様式が発展し、また独自の資本主義的生産様式にともなって資本の蓄積が発展する。これらの両方の経済的要因は、それらが相互に与え合う刺激に複比例して資本の技術的構成における変動を生み出し、この変動によって、可変的構成部分が不変的構成部分に比べてますます小さくなる」（④一〇七五ページ、〔Ⅰ〕653ページ）。

また、この発展過程で、生産過程の社会的、科学的性格がますます強まってゆきます。

「どこにおいても、産業設備のいっそうの拡張が、多数の者の全体労働をいっそう包括的に組織し、全体労働の物質的原動力をいっそう広範に発展させるための、すなわちばらばらな、慣行的に運営されている生産過程を、社会的に結合され科学的に配置された生産過程にますます変換していくための、出発点をなす」（④一〇八〇ページ、〔I〕656ページ）。

マルクスのこの指摘は、「機械と大工業」の章で見た「新しい社会の形成要素」（③八六四ページ、〔I〕526ページ）という視点に立ち（本巻一〇七〜一〇九ページ）、その延長線で、独自の資本主義的生産様式の発展の意義を分析したもので、社会変革の条件の成熟を見るうえで、重要な意義をもつものです。

産業予備軍の存在。商品生産の法則はもはや通用しない

マルクスは、次の第三節（「相対的過剰人口または産業予備軍の累進的生産」）および第四節（「相対的過剰人口のさまざまな実存形態。資本主義的蓄積の一般的法則」）で、いよいよこの章の主題である「労働者階級の運命」を取り上げます。

これまでは、資本と労働者の搾取関係を、個々の企業の内部の関係として分析してきました。マルクスはここで、その視野を一気に資本主義社会全体の規模に広げ、労働者階級の運命にどの

ような変化が起こるかを、追究しようというのです。これは、まとまった形では、第一部完成稿ではじめて提起された問題であり、二一世紀の今日、私たちが資本主義諸国での資本と労働者階級の関係を見る場合、特別に重要な意義をもつ観点となっています。

問題を社会的規模で見た場合、資本の構成の高度化、すなわち可変資本部分の相対的減少は、労働者人口の相対的過剰という現象を生み出します。

生産力の発展は、より少ない労働力でより多くの生産物を生み出すわけですから、合理的に編成された社会では、労働時間を短くし、労働者のために自由な時間をつくり出す絶好の機会になるはずですが、資本主義社会では、逆に、就業労働者にはより厳しい苦役を課し、〝過剰な〟労働者を職場から追い出す手段にしかならないのです。マルクスは、これを「資本主義的生産様式に固有な人口法則」と呼びました。

「労働者人口は、それ自身によって生み出される資本の蓄積につれて、それ自身の相対的過剰化の手段をますます大規模に生み出す。これこそが、資本主義的生産様式に固有な人口法則」である（④一〇八四ページ、〔I〕660ページ）。

こうして生産過程から排除された「過剰労働者人口」は、資本家にとって邪魔者となるどころか、「資本主義的蓄積の槓杆《こうかん》、いやそれどころか資本主義的生産様式の実存条件となる」（④一〇八七ページ、〔I〕661ページ）、とマルクスは語ります。

「それは、あたかも資本が自分自身の費用によって飼育でもしたかのようにまったく絶対的に資本に所属する、自由に処分できる、産業予備軍〔＊〕を形成する。それは、資本の変転する増殖要求のために、現実的人口増加の制限にかかわりなくいつでも使える搾取可能な人間材料をつくり出す」（④〔Ⅰ〕とも同前）。

＊ **産業予備軍** 「予備軍」という言葉は、エンゲルスが若い時代の著作『イギリスにおける労働者階級の状態』のなかで、「失業労働者という予備軍」（古典選書版・上一三五ページ）という言い方で使っていましたが、「産業予備軍」と名付けて、この問題に本格的な分析を加えたのは、『資本論』のここでの解明が最初でした。

さらに、資本主義に固有の産業循環は、予備軍の「もっとも精力的な再生産動因の一つ」となります。

「近代的産業の特徴的な生活行路――すなわち、比較的小さな変動によって中断されながら、中位の活気、全力をあげての生産、恐慌、および停滞の諸期間からなる一〇ヵ年の循環という形態は、産業予備軍または過剰人口の不断の形成、大なり小なりの吸収、および再形成に立脚する。産業循環の浮き沈みは、それがまた、過剰人口に新兵を補充し、そのもっとも精力的な再生産動因の一つとなる」（④一〇八八ページ、〔Ⅰ〕661ページ）。

そして、産業予備軍の存在は、就業している現役労働者の労働条件を悪化させる、資本にとっての最大の武器となり、そのことがまた、産業予備軍をより大きくする逆作用を果たすのです。

「労働者階級の就業部分の過度労働は、彼らの予備軍隊列を膨張させるが、その逆に、この予備軍隊列がその競争によって就業者に加える圧迫の増加は、就業者に過度労働と資本の命令への服従を強制する」（④一〇九三ページ、〔Ⅰ〕６６５ページ）。

労働者と資本の関係は、基本的には労働力商品の売り手と買い手の関係です。『資本論』では、これまで、そういう市場関係として分析してきました。この第七篇の前半部分でも、その立場から、商品生産の法則がどうして資本主義的取得の法則に転化するかの論証をおこなってきました。ところが、産業予備軍の存在によって、現実の資本主義社会では、労働力を資本に売るという最初の局面で、商品生産の法則がもはや通用しない状況が、社会的な規模でつくりだされたのです。

ヘファイストスの鎖を断て

労働者に対する資本の搾取は、もはや個々の企業での搾取体制という枠を越えて、社会的規模での搾取という性格をもつにいたりました。

マルクスは、第四節の後半部分で、この段階にいたった労働者と資本の関係を全体的に特徴づけながら、労働者階級に新たなたたかいへの熱い呼びかけをおこなっています。

「資本が蓄積されるのにつれて、労働者の報酬がどうであろうと——高かろうと低かろうと——労働者の状態は悪化せざるをえないということになる。最後に、相対的過剰人口または産業予備軍を蓄積の範囲と活力とに絶えず均衡させる法則は、ヘファイストスの楔《くさび》がプロメテウスを岩に縛りつけたよりもいっそう固く、労働者を資本に縛りつける。この法則は、資本の蓄積に照応する貧困の蓄積を条件づける。したがって、一方の極における富の蓄積は、同時に、その対極における、すなわち自分自身の生産物を資本として生産する階級の側における、貧困、労働苦、奴隷状態、無知、野蛮化、および道徳的堕落の蓄積である」④一一〇八ページ、〔I〕675ページ)。

マルクスは、ここで、資本主義的蓄積のもとでの労働者の状態を、「貧困、労働苦、奴隷状態、無知、野蛮化、および道徳的堕落の蓄積」と特徴づけていますが、これは、資本主義のもとでの宿命としてこの状態を甘受せよ、というあきらめの呼びかけではもちろんありません。重要なのは、マルクスが、労働者階級の運命をプロメテウスに例えていることにあります。

プロメテウスとは、マルクスが大好きな、ギリシア神話に出てくる英雄的巨人のことです〔*〕。人類に火を与えたために、最高神ゼウスの怒りを買い、カウカソスの山頂に鎖で縛りつけられました。その鎖を岩に打ち込むくさびを鍛えたのが、鍛冶場の主ヘファイストスでした。

＊ **マルクスとプロメテウス**　マルクスは、一八四一年四月、イェーナ大学に学位論文「デモクリトスの自然哲学とエピクロスの自然哲学との差異」を提出しましたが、その「序言」の最後に、岩に縛りつけられながら神々への隷従を拒否したプロメテウスの言葉を引き、「プロメテウスは哲学の年鑑のなかの最も高貴な聖者」であるという文章で結びました（全集㊵一九〇～一九一ペ

ージ)。

学位論文の表題にあるデモクリトスとエピクロスは、古代ギリシアの唯物論哲学者で、エピクロスは『資本論』にも登場します(①一三四ページ、〔Ⅰ〕93ページ、⑨五五七ページ、〔Ⅲ〕342ページ、⑪一〇四五ページ、〔Ⅲ〕612ページ)。

この文章にプロメテウスとヘファイストスが出てきたということは、巨人プロメテウスが人間解放のためにヘファイストスの鎖とたたかったように、自分たちを過酷な搾取体制に縛りつける現代の鎖・資本主義的搾取を断つたたかいに立ちあがれ、という呼びかけなのです。このたたかいの現実的な方向は、次の章(「第二四章　いわゆる本源的蓄積」)の最後の節「資本主義的蓄積の歴史的傾向」で語ることになります。

人間解放のプロメテウスとなれ！　この呼びかけには、マルクスの労働者階級論の第三の、決定的に重要な契機がありました。

日本と世界——現代の資本主義世界で

現代の資本主義世界では、富と貧困のますます広がる格差の増大が、中間層の疲弊を伴いつつ、ますます重大な問題となり、日本でも、ヨーロッパでも、アメリカでも、国政を揺るがす大問題となっています。

ここに、私たちは、マルクスが『資本論』で分析した資本主義的蓄積の一般法則の、一段と深刻な、現代的な現われを見ることができます。そして、現在の日本の問題状況で重視すべきことは、産業予備軍の固定化とその拡大が、政府の介入のもとにおこなわれていることです。

マルクスは、産業予備軍の実存形態を、（1）流動的形態――成年期になったら解雇される未成年労働者、（2）潜在的形態――農村で就業の機会を待っている労働者、（3）停滞的形態――現役労働者軍の一部をなすが、資本の都合でいつでも解雇される、「まったく不規則な就業」状態にある労働者、（4）受給貧民――年齢、病気、労働災害その他いろいろな理由で、労働現場から排除されたが、公的援助以外に生活の条件をもたない労働者、の四つの部類に分けてその実態を追究しましたが（④一一〇一～一一〇六ページ、〔Ⅰ〕670～673ページ）、いま日本に起こっている深刻な事態は、「非正規労働者」という名前で、現役労働者のなかに、「正規」の権利をもたず、資本の都合で容易に解雇できる労働者層がつくられ、ますます拡大していること、それが、個々の資本の私的行為としてではなく、政府の公的行為としておこなわれつつあることです。これは、現役の就業労働者の「予備軍」化にほかなりません。

層をなして形成される「産業予備軍」が現役の就業労働者を社会的に包囲し、彼らに「過度労働と資本の命令への服従を強制する」圧力として活用される――マルクスがその秘密を本格的に解明したこの仕組みが、国家と巨大企業の共同作戦のもと、いま企業の内部にまで「予備軍」化の体制を広げて、社会の中核をなすはずの就業労働者層への圧迫を強め、中間層の疲弊と没落、社会の格差の拡大という事態を年ごとに拡大再生産させているのです。

今日の社会的格差拡大の問題を見る場合にも、「マルクスの目」で、ことの本質をつかむ態度が、いよいよ重大になっている、と思います。

（13）資本の蓄積過程（その三）本源的蓄積

最初の本格的な「本源的蓄積」論

私たちはこれまで、マルクスとともに、商品生産の資本主義的生産への移行という立場に立って、蓄積論の冒頭では、ことの出発点では、資本家が最初に投下する資本は「資本家自身の資産」だとし、それが資本主義的取得にいかにして転化するかを、追跡してきました（本巻一二一〜一二二ページ）。しかし、これは、あくまで理論上の想定でした。

では、現実の歴史過程での資本の誕生の仕方はどうだったのか。第二四章の題名の、「本源的蓄積」とは、この問題を歴史のなかで解明しようということです。

マルクスは、この歴史問題に、『五七～五八年草稿』のなかで取り組み、「資本主義的生産に先行する諸形態」と題する大作を書きあげました（『草稿集』②一一七～一七七ページ）。この草稿が、戦後早い時期に、独立した労作として日本にも紹介され、日本の歴史学界に大きな影響をあたえたことは、すでに本巻六五ページで紹介したところです。しかし、この大作が主題としたのは、原始共産制の社会から資本主義社会にいたる世界史の概括でしたから、資本の本源的蓄積そのものについては、生産手段から切り離された「自由な」労働者の成立と資本に転化される貨幣財産の形成とを、ごく大づかみに概観したにすぎませんでした。また『六一～六三年草稿』では、マルクスは、この主題を本格的に取り上げることはしませんでした（リカードゥの地代論を検討したところで、イギリス史の若干の検討をおこなったことが、この草稿のなかで、この問題に取り組んだ唯一の先例と言えるかもしれません――『草稿集』⑥三三八～三四一ページ）。

その意味では、「第二四章　いわゆる本源的蓄積」は、マルクスが最初に書きあげた本格的な本源的蓄積論だと言ってよいと思います。

「本源的蓄積」の時代とはどんな時代だったか

マルクスは、その歴史検証の舞台を、一四世紀の終わりごろから一九世紀にいたるイギリスの歴史に求めました。

この時代のイギリスというと、対外的には、対スペイン戦争に勝利してヨーロッパで大国的地位を確立するとともに対外進出への道を開き、アメリカ大陸への進出は一八世紀後半のアメリカ独立戦争によって一頓挫《いちとんざ》したものの、アジア・アフリカ方面への進出は成功に次ぐ成功を収めた輝かしい時代でした。国内的にも、あいだにクロムウェル〔＊〕の革命（ピューリタン革命、一六四〇〜六〇年）をはさみながら、議会制度をとりいれて一歩一歩民主的前進の道を進むとともに、ヨーロッパで産業革命の道を進んだ最初の国となり、大英帝国への道を切りひらいた栄光の時代でした。

＊ **クロムウェル**　オリヴァ（一五九九〜一六五八）　イギリスの政治家。ピューリタン革命の指導者で、革命の勝利後、護民官に任じられました。

しかし、イギリス社会のこの時代を、経済的土台から見ると、それはイギリス資本主義の飛躍的な発展と成功の時代であった反面、まずイギリスの勤労大衆が、続く時期にはアジア・アフリカ諸国の住民が、暴力的な抑圧と極度の経済的な困苦にさらされた絶望的な時代だったのです。

詳細は第二四章の本文に譲りますが、この時代の核心的な特徴をしめすものとして、勤労大衆の側と、新興資本の側と、それぞれの面で特質づけたマルクスの二つの文章を読んでほしいと思います。

まず労働者の側から見た、この時代の総体的特質です。

封建社会から資本主義社会への変化は、直接的労働者にとっては、農民の場合には、他人の農奴または隷農として土地に縛りつけられていた状態からの解放、手工業的職人の場合には、同職組合の支配や徒弟・職人制度からの解放として現われます。しかし、とマルクスは言います。

「この新たに解放された人々は、彼らからすべての生産手段が奪い取られ、古い封建的諸制度によって与えられていた彼らの生存上のすべての保証を奪い取られてしまったのちに、はじめて自分自身の売り手になる。そして、このような彼らの収奪の歴史は、血と火の文字で人類の年代記に書き込まれている」④一二二五ページ、〔Ｉ〕７４３ページ）。

「血と火の文字で人類の年代記に書き込まれている」とは、実に強烈な言葉ですが、実際のその歴史を記した「第二節　農村民からの土地の収奪」と「第三節　一五世紀末以来の被収奪者にたいする流血の立法。労賃引き下げのための諸法律」を読み終わったら、この言葉が決して誇張ではなく、歴史の実感そのものであることが理解されると思います。

資本家の側の形成史には、「第四節　資本主義的借地農場経営者の創生記」、「第五節　工業への農業革命の反作用。産業資本のための国内市場の形成」および「第六節　産業資本家の創生記」の三つの節があてられています。

マルクスは、人民大衆を自由な「労働貧民」に転化させるために強行された数々の悪業の歴史と、アジア、アフリカおよびアメリカ大陸を植民地にして、数億の住民を奴隷化してきた蛮行の歴史を、三節にわたって詳述し、その全体を次の文章で締めくくりました。

「資本主義的生産様式の『永遠の自然法則』に道を切り開き、労働者と労働諸条件との分離過程を完成し、一方の極では社会的な生産手段および生活手段を資本に転化させ、反対の極では人民大衆を賃労働者に、近代史のこの芸術作品である自由な『労働貧民』に、転化させるには、〝このような骨折りを必要とした〟のである。もしも貨幣が、オジェ〔＊〕の言うように、『頬《ほお》にはじめから血斑をつけてこの世に生まれてくる』のだとすれば、資本は、頭から爪先まで、あらゆる毛穴から、血と汚物とをしたたらせながらこの世に生まれてくる」（④一三〇〇〜一三〇一ページ、〔I〕787〜788ページ）。

＊　オジェ、マリ　一九世紀中ごろのフランスのジャーナリスト。引用された文章は、彼の著作『公信用ならびに古代より現代にいたるその歴史について』（一八四二年）からのもの。

マルクスと日本

マルクスは、第二節（「農村民からの土地の収奪」）で、ヨーロッパ中世の封建制度を次のような文章で特徴づけました。

「ヨーロッパのどの国でも、封建的な生産はできるだけ多くの家臣に土地を分割するということによって特徴づけられている。封建領主の権力は、どの君主の権力とも同様に、彼の地代帳の長さではなく、彼の臣下の数にもとづいており、またこの臣下の数は自営農民の数にかかっていた」（④一二二八ページ、〔I〕745ページ）。

彼はこの箇所に「注」を書き加えて、わが日本についての、次のような意味深長な言葉を残しました。

「日本は、その土地所有の純封建的組織とその発達した小農民経営とによって、たいていはブルジョア的先入見にとらわれているわれわれのすべての歴史書よりもはるかに忠実なヨーロッパの中世像を示してくれる。中世を犠牲にして『自由主義的』であるということは、あまりにも手前勝手すぎる」（④一二二九ページ、〔I〕同前）。

ヨーロッパの多くの歴史書（つまり歴史家たち）に挑戦する文章ですから、日本についての断片的な知識しか持たない者に書ける文章ではありません。しかし、マルクスには、自分の目で日本社会を観察する機会などは、もちろん持ちえませんでした。だとすると、その知識の源泉は、日本にかなり長く滞在し、日本社会の諸特徴を詳しく記述した著作や文書にあったはずです。しかも、ヨーロッパの中世像と江戸時代の日本社会像との比較論を、専門の歴史家相手にこれだけ自信をもって断言するためには、マルクスが読んだ著作の筆者自身が、ヨーロッパの中世社会に詳しく、その著作の中で、江戸時代との比較論を展開していたに違いありません。マルクスは、『資本論』のなかで、何回か日本についての記述をしていますが、そのなかのいくつかは、公式の報告書などからでも読み取れるであろうと推測されます。ただ、この「注」の一節だけは性格が違います。私はここには、『資本論』のなかの、最も興味深い〝謎解き〟問題の一つがあると、考えています〔＊〕。

＊マルクスの「日本」論の探究の旅　この問題では、私自身の、かなり長期にわたる探究の歴史がありました。

この探究の起点となったのは、『資本論』のなかでの日本への一連の言及とともに、マルクスが、エンゲルスへの手紙で、地代論への取り組みの過程で、日本に関する「旅行記」（複数）を読んだとした、次の言明でした。

「僕は地代に関する僕の理論的研究を二年前に終えた。……日本についての解明も（平素は僕は、職業上強制されない限り、旅行記を読むようなことは概してないのだが）この点では重要だった」（一八六六年二月一三日、古典選書『書簡選集・上』二七七ページ）。

私は、一九八一年に書いた「マルクスと日本」のなかで、結論はマルクスの残したノートなどの今後の研究に待ちたいとしながらも、マルクスが読んだ「旅行記」とは、幕末に日本に赴任したイギリス公使オールコックの『大君の都――幕末日本滞在記』（一八六三年、ロンドン、岩波文庫に邦訳）ではないか、という推論を提起したのでした。その後、『新メガ』でのマルクスのノートの研究が進み、マルクスの「日本研究」の典拠についての天野光則氏の論考（二〇一三年）が発表され、続いて、北九州市の小田孝氏から、やはりマルクスのノートにもとづく研究論考が、雑誌『経済』に投稿されました。これらの論考から、この時期のマルクスのノートには、日本関係の「旅行記」あるいは「旅行記」的な書物の名が九冊記載されていること、そのなかにはオールコックの著作は含まれていなかったことが、明らかになりました。

この九冊の「旅行記」は、その大部分が、邦訳あるいは復刻版として、入手できるものでした。私は、天野氏と小田氏の指摘を頭に置きながら、これらの「旅行記」での日本関係の記述を検討したうえで、『経済』二〇一七年一〇月に、論文「マルクスと日本――探究の旅は終着点を迎えた」を発表しました（本書下巻に収録）。『資本論』での日本関係の記述の源泉は、私が以前に推論したオールコックの『大君の都』ではなく、マルクスがノートに書き付けた七冊の「旅行記」だった、というのが、その結論でした。

最初の推論提起から数えて三七年にわたる探究の旅でしたが、天野氏や小田氏の努力を得て、十分な根拠のある結論に達し得たことをたいへんうれしく思っています。

（14）資本の蓄積過程（その四）「必然的没落」論の定式

「必然的没落」の客観的条件と主体的条件

第二四章の最後の節「資本主義的蓄積の歴史的傾向」は、第七篇の結論というだけではなく、『資本論』第一部全体の結論と位置づけられる部分で、資本主義的生産様式の「必然的没落」の過程はどのように進行するか、という問題の総括的な結論が、きわめて要約された形でのべられています。段落を追いながら、マルクスの論述を見てゆくことにします。

最初の四つの段落は、「本源的蓄積」の過程の要約として読むことができます。

第五の段落から第六段落のはじめまでは、第二三章の第二節で検討した資本の集中の過程、言い換えれば、大資本による多くの中小資本の収奪の過程です。

そして、それに続いて、資本主義的生産様式の「必然的没落」の諸条件の分析が、資本の側と労働者の側からの、両面からおこなわれます。

まず、資本の側で、どんな条件がつくり出されるか。わかりやすくするために、項目ごとに行を替えて引用します。

「この集中、すなわち少数の資本家による多数の資本家の収奪と相ならんで、ますます増大する規模での労働過程の協業的形態、科学の意識的な技術的応用、土地の計画的利用、共同的にのみ使用されうる労働手段への労働手段の転化、結合された社会的な労働の生産手段としてのその使用によるすべての生産手段の節約、世界市場の網のなかへのすべての国民の編入、したがってまた資本主義体制の国際的性格が、発展する」（④一三〇五～一三〇六ページ、〔I〕790ページ）。

これらは、以前に、たとえば、第一三章で、資本主義的生産様式のもとで創造される「より高度な社会形態の唯一の現実的土台となりうる物質的生産諸条件」（④一〇一六ページ、〔I〕618ページ）などと、一括した形態で表現されていたものを、そのどの側面がどういう意味で新しい社会形態の土台となりうるかを具体的に説明する形で整理した文章として、読むことができます。そこには、資本主義的生産様式の発展そのもののなかで形成される「必然的没落」の客観的諸条件の解明があります。

次に、変革者である労働者階級の側に目が向けられます。

「この転化過程のいっさいの利益を横奪し独占する大資本家の数が絶えず減少していくにつれて、貧困、抑圧、隷属、堕落、搾取の総量は増大するが、……資本主義的生産過程そのものの機構によって訓練され結合され組織される労働者階級の反抗もまた増大する」（④一三〇六ページ、〔I〕790〜791ページ）。

第二三章「資本主義的蓄積の一般的法則」の分析では、表面的には、この文章の前半部分、すなわち「貧困、労働苦、奴隷状態、無知、野蛮化、および道徳的堕落の蓄積」（④一一〇八ページ、〔I〕675ページ）で叙述が止まり、労働者の階級的、革命的成長という問題は、プロメテウスという名前に呼びかけの意志が暗示されるにとどまっていました。ここでは、後半でその問題が正面からとりあげられ、「資本主義的生産過程そのものの機構」による労働者階級の「訓練」・「結合」・「組織」、そして「反抗」という階級的成長の過程が、直接的な形で前面に出てきます。

ここには、『資本論』の構成を変えて、「資本」の部と「賃労働」の部を統合して叙述することにしたマルクスの真意が、鮮明な形で示されています。

マルクスは、資本主義体制の変革の論理について、それが変革の必然性を経済的な矛盾の発現だけで説明する〝自動崩壊論〟として誤解される余地をまったく残さないように、変革の主体的条件の問題をここではっきりと前面に押し出したのです。

マルクスは、続けます。

「資本独占は、それとともにまたそれのもとで開花したこの生産様式の桎梏となる。生産手段の集中と労働の社会化とは、それらの資本主義的な外被とは調和しえなくなる一点に到達する。この外被は粉砕される。資本主義的私的所有の弔鐘が鳴る。収奪者が収奪される」（④一三〇六ページ、〔Ⅰ〕791ページ）。

社会変革が実現するには、資本独占がこの生産様式の桎梏となる「一点」、そうした情勢の成熟が前提条件となります。ただ、マルクスが以前とは違って、恐慌を、資本独占の「桎梏」化と規定していないことは注意すべきことです。

恐慌が周期的に起きる仕組み（これは、第二部以後の研究対象です）を二年前に解明したマルクスにとっては、恐慌を、資本独占の「桎梏」化の唯一の代表的な表現と見る見方は過去のものとなっていました。おそらく「桎梏」化を示す諸現象のなかには、資本独占と労働者階級との対立の激化ということも、その有力な形態として含まれていることでしょう。

しかし、「桎梏」化を示す「一点」が客観情勢に現われても、客観的条件だけでは社会変革の事業は前進しません。それには、労働者階級の側の革命的階級への成長と社会の多数者の支持を得てこの事業をなしとげる主体的条件が必要です。資本主義的外被は粉砕する者がいなければ粉砕されないし、鐘を鳴らす力をもったものが現われなければ、「資本主義的私的所有の弔鐘」は鳴らないのです。

ここには、マルクスの社会変革論、資本主義体制の「必然的没落」論の新たな定式化がありました。

新しい社会への移行について

マルクスは、この社会変革の性格と、それによって生まれる新しい社会の特徴づけ、移行過程の問題などに話を進めます。

「資本主義的生産様式から生まれる資本主義的取得様式は、それゆえ資本主義的な私的所有は、自分の労働にもとづく個人的な私的所有〔この章の冒頭に出てくる、資本主義以前の小経営を指しています——不破〕の最初の否定である。しかし、資本主義的生産は、自然過程の必然性をもってそれ自身の否定を生み出す。これは否定の否定である。この否定は、私的所有を再建するわけではないが、しかし、資本主義時代の成果——すなわち、協業と、土地の共有ならびに労働そのものによって生産された生産手段の共有——を基礎とする個人的所有を再建する」(④〔Ⅰ〕とも同前)。

この文章は、「私的所有」と「個人的所有」という言葉が入り乱れて並び、また、「自分の労働にもとづく個人的な私的所有」の時代と、資本主義的私的所有が支配する時代、そして社会変革によって生み出される新しい社会の三つの段階を、ヘーゲルの弁証法の定式の一つである「否定の否定」の定式を使って関係づけているために、かなりわかりにくい文章となっています。

その理解のために、マルクスの以上の説明を整理した次の表を見てください。

〔生産手段〕　　　　　　〔生産物〕

（一）小経営の時代　労働者個人の私的所有　すべてが労働者個人の私的所有

（二）資本主義時代　資本家の私的所有　資本家の私的所有となり、その一部が労賃として労働者に支払われる

（三）新しい社会　労働者の集団的所有　生産手段は引き続き集団的所有となり、生活資料は分配されて労働者個人の所有となる

マルクスは、この関係を、ヘーゲルの「否定の否定」の定式に当てはめて説明したのでした。第一の段階では、生産手段も生産物も、労働者個人の私的所有に属しました。ところが、第二の段階では、労働者はすべてを奪われ、生産物の一部だけを労賃として支払われる従属的な地位に転落します。これは第一の段階の「否定」そのものでした。第三の段階の社会変革によって、何が変わったか。資本家は、すべての権利を失います。しかし、労働者の側では、事態は以前の第一段階への復帰ではありません。生産手段の所有には、労働者は共同体の一員としての資格で参加し、生活資料については個人としての所有の権利を完全に保証されます。これが「否定の否定」です。新しい土台のうえに、第二段階で失ったすべての権利をより高い内容で復活させたのですから。

この問題については、デューリングの非難にたいして、エンゲルスが反論した内容が、『反デューリング論』に出ていますから、興味のある方は、ご参照ください（古典選書版・上一八五〜一八八ページ）。ただし、この論争は、『資本論』第二版のマルクスの文章によっておこなわれており、私たちがいま読んでいる版とは、文章にいくらか違う点があります。

次が、この節の最後の文章です。

「諸個人の自己労働にもとづく分散的な私的所有の資本主義的な私的所有への転化は、もちろん、事実上すでに社会的生産経営にもとづいている資本主義的所有の社会的所有への転化よりも、比較にならないほど長くかかる、苦しい、困難な過程である。まえの場合には少数の横奪者による人民大衆の収奪が行なわれたが、あとの場合には人民大衆による少数の横奪者の収奪が行なわれる」（④一三〇六〜一三〇七ページ、〔Ⅰ〕791ページ）。

要約して言えば、小経営の私的所有から資本主義的な私的所有への過程――この章で見てきた本源的蓄積の過程のことです――は、資本主義からの社会主義的変革の過程よりも、比較にならないほど長くかかる苦しい過程だった、ということ、言い換えれば、社会主義的変革の過程はずっと短時間でおこなわれるだろう、こういうことです。ここで「社会的生産経営」と呼んでいるのは、現在の資本主義経営で、結合された「全体労働者」が生産過程を担う体制が事実上支配的になっているという事態を指した言葉です。

しかし、変革過程の長さという問題では、マルクスは、『資本論』第一部の刊行後に、新しい見地を発展させることになりました。一八七一年に起こったパリ・コミューンの偉業をたたえるインタナショナルの声明を準備する中で、コミューンが開始した事業の前途を研究し、資本主義の胎内で発展した「社会的生産経営」を新しい社会の経済的基盤に変えるには、経営内の人間関係を、資本主義時代にそこに固着した〝奴隷制のかせ〟から解放することが必要だ、そのためには、「労働者階級は環境と人間をつくりかえる長期の闘争、一連の歴史的過程を経過しなければならない」（『フランスにおける内乱』、全集⑰三二〇ページ）という結論に到達したのでした。資本主義社会から共産主義社会にいたる過程に「過渡期」が必要だという考え方も、そこから生まれてゆくのですが、この論点の紹介はここまでにとどめて、先に進むことにしましょう〔＊〕。

＊ **「過渡期」論の問題**　この問題は、『フランスにおける内乱』の本文では、きわめて簡潔な文章で説明されていますが、より詳細な解明が、『内乱』の第一草稿にあります（全集⑰五一七〜五一八ページ）。

立ち入った解説は、不破『マルクス、エンゲルス　革命論研究』下（二〇一〇年）第五講の「マルクスの過渡期論」（二七二〜三〇二ページ）、『マルクス「資本論」――発掘・追跡・探究』（二〇一五年）の「『過渡期』論はこうして形成された」（五二〜六五ページ）などを参照して下さい。

II

『資本論』第二部を読む

（1）第二部の成立過程をスケッチする

「流通過程」論の構想の出遅れ

第二部「資本の流通過程」は、全三部のうちで、構想の成立がもっともおくれた部分でした。『五七～五八年草稿』では、ノートの四冊目に移るところで、生産過程の研究から次の段階に入ることが宣言されたものの、「資本の流通過程」という題名には触れられないままでしたし、内容も固定資本と流動資本の定義にいたる苦闘が主要部分で、全体の構成は、まだ雑然としていました。そのあと、『六一～六三年草稿』の執筆にかかる前の「プラン草案」を見ても、三四の項目をあまり整理されないまま列挙しているだけで、論点の構成が練られたという形跡がまだ見られないものでした。

「流通過程」論のこの出遅れには、構想のその後の発展から見て、三つの問題があったようです。

一つは、資本の流通過程の研究に当たって最も重要な役割を果たす「固定資本」および「流動資本」の二つの基本概念を確立するにあたって、マルクスが誤った固定観念から出発して〔＊〕、正確な規定に到達するまでに、混迷と曲折にみちた探究を続けざるを得なかったことです。これは、『五七〜五八年草稿』の全体から見ても、他には見られない理論的苦闘でした。

＊　**マルクスの混迷**　マルクスが最初におこなった規定は、さまざまな局面を通過する資本の循環に対応する規定として、「これらの転換の主体」をなす資本そのものを「流動資本」、「局面のうちの一つに固定されている資本」を「固定資本」と規定することでした（『草稿集』②三五八〜三五九ページ）。

二つ目にあげたい問題は、当時、マルクスが、経済学の著作の「資本」の巻を、「資本一般」、「競争」、「信用」、「株式資本」の順序で執筆してゆくプランをたてていたことです〔＊1〕。このプランによると、「資本一般」の篇では、資本が一般的におこなう運動や、すべての資本に共通する問題をとり扱うことに研究が限定されます。

そのルールは、資本の生産過程の研究ではそれほどの障害にはなりませんでした。しかし、資本の流通過程を問題にすると、資本が生産過程を開始するのに必要な生産手段を購入したり、労賃を受け取った労働者が生活資料を購入したりする局面でも、完成した生産物を販売して資本の元本を回収し剰余価値を実現する局面でも、さらに資本が手にした剰余価値を自分の所得としてあるいは追加資本として活用する局面でも、いやおうなしに、他の諸資本との関係が問題になってきます。この問題を、「資本一般」の枠内でどう解決するか、この問題の答えをまだマルクスはもっていなかったのでした〔＊2〕。

＊1　**マルクスの当時の執筆プラン**　マルクスは、一八五八年四月二日付のエンゲルス宛の手紙のなかで、「資本」の部の執筆プランを次のように書いていました。

「資本は四つの篇に分かれる。（a）資本一般。……（b）競争、すなわち多数資本の対相互行動、（c）信用。ここでは資本が個々の諸資本に対立して一般的な要素として現われる。（d）株式資本。最も完成した形態（共産主義に移るための）であると同時に資本のあらゆる矛盾を具えたものとしてのそれ」（古典選書『書簡選集・上』一二二ページ）。

＊2　**マルクスの「プラン草案」から**　その一例。マルクスは『六一～六三年草稿』、執筆前の「プラン草案」で、「Ⅱ　資本の流通過程」の三四項目を挙げたとき、第二の項目に「諸矛盾」をあげ、その項目に対応する『草稿』の数ページを指摘しましたが、括弧して「この問題は、第二篇、諸資本の競争に属する」と注記しています（『草稿集』③四五五ページ）。このことは、マルクスが、流通過程を論じるときに、研究対象を「資本一般」に限定するというプラン構想のルールをきびしく意識していたことを示すものでした。

再生産論はこうして第二部の重要な構成部分となった

最後の問題は、マルクスが、現在、第二部の最も重要な部分となっている再生産論（第三篇）について、まったく構想をもっていなかったことです。

マルクスが再生産論の研究を意識して始めたのは、一八六二年、『六一～六三年草稿』のなかで「剰余価値に関する諸学説」を執筆する過程においてで、それまでは再生産論はまったく当面の研究の対象とはなっていませんでした。

一八六二年には、「諸学説」の歴史的研究ということで、構想プランの枠をはずした形で、これまで経済学者を悩ませてきたプルードンの設問――「労働者は彼自身の生産物を買いもどすことができない」に科学的な回答をあたえようという意欲からとりかかった研究を始めたのです（『草稿集』④五五五ページなど）。

しかし、これがなかなかの難問で、一年あまり断続的に研究をつづけた結果、最後には、単純再生産の社会的過程の全体を、グラフ的な図表にまとめるところまで到達しました（この図表は、本巻二一二ページで紹介します）〔＊〕。しかし、その理論を「資本一般」の著作のどの部分に位置づけるかの結論が出せず、エンゲルスに発見のあらましを書き送ったときには、「これは僕の本の最後の諸章のうちの一章のなかに総括として載せるものだ」としていました（一八六三年

七月六日　古典選書『書簡選集・上』二二一ページ）。

＊　**再生産論にいたる最初の探究**　『六一～六三年草稿』に記されたこの苦闘は、難問に直面した場合、マルクスがどのように研究と思考をすすめるか、その過程を記述した非常に貴重な記録です。『「資本論」はどのように形成されたか』（二〇一二年、新日本出版社）Ⅰの「第三章　マルクス独自の『経済表』への到達――新分野・再生産論に道を開く」で、かなり詳しい解説を行いましたので、ご参照ください。

しかし、マルクスが苦闘の末に仕上げた再生産論は、その著作の最後の諸章に〝付録〟的に扱って済むような、部分的発見ではありませんでした。それは、資本主義社会の資本の運動の全体――「社会的総資本の再生産と流通」を簡潔な表式で包括的にとらえるという、経済学上の画期的な発見でした。そして、この研究を第三篇として構成上の柱とすることにより、「資本の流通過程」を研究した『資本論』第二部は、マルクスの経済学の全体系のなかで、当初の想定をこえるきわめて重要な地位を占めることになったのです。

マルクスは、『六一～六三年草稿』をほぼ書き終わりつつあった段階で、それまで前著『経済学批判』の続編として刊行するつもりでいた著作を、新たに『資本論』の表題として刊行する方針に切り替えました〔＊〕。そして、第一部の初稿および第三部前半部分に続いて、一八六五年一月には第二部第一草稿を書き始めますが、それを書き終えた時点では、マルクスの頭のなかには、再生産論を主要な構成部分の一つとする第二部の新しいプランができあがりつつありました。

＊　クーゲルマンへの手紙　一八六二年一二月二八日による（古典選書「書簡選集・上」二〇五ページ）。

マルクスをここに導いた契機の一つに、ケネー〔＊〕の「経済表」との出会いがありました。マルクスが、第二部「第三章　商品資本の循環」の章を、次のようなケネーの「偉大な真の見識」をたたえる言葉で結んだのは、ケネーとの出会いのこの歴史をふまえてのことでした。

「W′…W′〔商品資本の循環のこと――不破〕はケネーの〝経済表〟の基礎になっており、彼がG…G′〔貨幣資本の循環のこと――不破〕（重商主義が孤立させて固持した形態）と反対にこの形態を選び、P…P〔生産資本の循環のこと――不破〕を選ばなかったことは、彼の偉大な真の見識を示すものである」（⑤一五七ページ、〔Ⅱ〕103ページ）。

＊　**ケネー**、フランソワ（一六九四～一七七四）　フランスの経済学者で、重農主義学説の創始者。マルクスは「剰余価値に関する諸学説」の最初の部分でケネーを論じた時には、ごく簡単に触れただけでしたが、のちに社会的規模での生産と消費の関係を表で表現した彼の「経済表」を読んで感激してそれを徹底的に研究し（『草稿集』⑤四七五～五二六ページ）、文字通りケネーの「経済表」をヒントにして、彼自身の再生産論の最初の表式をつくりあげたのでした。本巻二一一～

二一二ページも参照。

再生産論の立論の過程には、不思議な前史がありました。実はマルクスは、『六一～六三年草稿』でプルードンの設問を取り上げた時よりも数年も前、『五七～五八年草稿』のなかで、プルードンの同じ設問を問題にしたことがあったのです。〔＊〕その時は、そう苦労した様子もなく、五つの生産部門を取り上げ、五部門の資本家と労働者のあいだの生産物交換の表式を作り上げてみせる、というみごとな解決をおこなっていました（『草稿集』②六九～七五ページ）。

＊　この時のマルクスの設問と回答は、『「資本論」はどのようにして形成されたか』第三章の「〔補説〕『五七～五八年草稿』での先行的な考察」（九二～九五ページ）で、あらましを紹介しました。

ところが、そのあと、「この例は……本来はここで論じるべきことではない。とにかく明らかなのは、価値実現が、ここでは、資本家相互間の交換のなかで行なわれているということである」（同前七五ページ）と書いて、この立論そのものをお蔵入りさせてしまいました。つまり、「資本一般」の篇では、〝ルール違反〟のテーマになるというわけです。しかし、四年後にプルードンの同じ設問にふたたび立ち向かったとき、かつてのこの成功例を思い出したという形跡はまったくありません。〝ルール違反〟の研究成果でしたから、マルクスの頭のなかでもお蔵入りになっていたのかもしれません。

以上が、現在の第二部構想の成立にいたる前史の簡単なスケッチです。

エンゲルス、マルクスの遺稿の編集に苦闘する

マルクスは、『資本論』第一部の刊行後、第二部の執筆に努力を傾けました。第一草稿は一八六五年にすでに書きあげていましたが、もちろんまだ刊行に値するところにまでは到達していませんでした。病気などのため、中断の期間はありましたが、一八六五年から八一年まで、十数年にわたって、第二部完成の努力を続けました。

一八八三年三月、マルクスが死去した時、エンゲルスは残された膨大な遺稿のなかから『資本論』第二部、第三部の草稿を探しました。

第三部については、一八六四～六五年に書いた草稿がそのまま残っていました。

第二部については、まとまったものとしては、第一篇および第二篇の前半部分の最初の草稿である**第四草稿**（一八六七～六九年執筆、草稿で七三ページ）、第一篇から第三篇の単純再生産の章まで書きあげた**第二草稿**（一八六八～七〇年執筆、二二一ページ）、第一篇の新稿として書かれた**第五草稿**（一八七七年執筆、五五ページ）、第三篇を拡大再生産の章まで書き進めた**第八草稿**（一八八〇～八一年執筆、七〇ページ）などが発見されました。

エンゲルスは、マルクスの死の三ヵ月後、ドイツで活動していたベルンシュタイン宛の手紙で、『資本論』の続巻を含むマルクスの遺稿の処理などについて、自分がやるべき課題が何かを、次のように報告しています。

「かいつまんで話さなければなりませんが、私がやらなければならない仕事は次のとおりです。

一、遺稿を整理すること。これはほとんどすべて私が自分でやらなければなりません。私以外だれも古いものを知っていないのです。しかもそれは山のように積み重なって、ひどく乱雑になっています。まだ見当らぬものがたくさんあり、多くの包みや箱はまだ全然あけていません！

二、第三版〔『資本論』第一巻の――不破〕を出すこと。これにはいろいろな変更とフランス語版からのいくつかの追補がつきます。しかも校正を読む仕事があります。

三、英訳刊行の見通しが現につきつつありますが、これをうまく利用して――きょうはそのために当地のある大きな出版社に行ってきました――、それからその翻訳を自分で校正すること。（翻訳するムア〔＊1〕は二六年来の友人で、よくできるが、無器用です。）

四、第二巻の初めの部分〔＊2〕にかんする三、四の異稿を校合して、印刷できるようにすること。そのさい第二巻全部を清書すること。

五、週に何度かショルレンマー〔＊3〕と酒を飲むこと。彼はきのうまたマンチェスターへ発ちました。――彼はいつも仕事をたずさえて来るのです。やれやれだ！」（エンゲルスからベルンシュタインへ、一八八三年六月一二日、全集㊱三一ページ）。

＊1　**ムア**、サミュエル（一八三〇頃～一九一二）　イギリスの法律家で、マルクス、エンゲルスの友人。インタナショナルの会員。

＊2　**第二巻の初めの部分**　マルクスは、当時は、『資本論』の「第二巻」に第二部と第三部を合わせて収録するつもりでした。その「初めの部分」とは第二部の全体をさしています。

＊3　**ショルレンマー**、カール（一八三四～九二）　ドイツの化学者で、マルクス、エンゲルスの友人。インタナショナルの会員。

第四項が、『資本論』の続巻刊行についてのことですが、この報告には、「第二巻」刊行という事業の大変さについての予感がまったく感じられません。むしろ、草稿の全体が発見されたことでほっとした安心感が全面ににじみ出ています。

しかし、草稿から「第二巻」（第二部および第三部）を作り上げる仕事は、異稿の若干の「整理」と「清書」で済むものではなく、その後一一年間の労苦を要する難事業となりました。第二部は一八八五年七月刊行となったものの、第三部が刊行にこぎつけたのはその一〇年後の一八九四年一二月となり、その九ヵ月後にはエンゲルス自身が死の時を迎えたのでした〔＊〕。

＊　**第二部、第三部の編集作業**　エンゲルスの苦労ぶりについては、不破『エンゲルスと「資本

論』』（一九九七年、新日本出版社）の関係部分をご参照ください。第二部の編集については、「第四篇　マルクスの死後――『資本論』第二部」の四・五章（上・三九一～四四〇ページ）、第三部については、「第五篇　『資本論』第三部の編集」（下・一一～一八二ページ）。

今日、私たちが、『資本論』を、全三部からなるマルクス畢生《ひっせい》の労作として読むことができるのは、エンゲルスのこの苦闘によってはじめて可能になったことでした。エンゲルスがこれをやりとげず、草稿からの編集の仕事が後世に残されたとしたら、『資本論』全巻が世に出る日ははるかに遅くなったでしょうし、だれが編集者になったとしても、その作品は、エンゲルス編集のそれに匹敵する内容と権威をもつことはできなかったでしょう。

マルクスは、自分の仕事について、第三部を仕上げるごく大まかな構想と、再生産論や地代を発見した時の喜びにみちた報告以外には、エンゲルスにほとんど知らせていませんでした。そのために、エンゲルスの編集の作業は、ゼロからの出発に近い内容をもたざるを得ず、そこに、多くの弱点が生まれたのは、当然のことでした。私は、それらの点を是正するのは後世の者に託された仕事であり、それを果たすことは、エンゲルスの仕事を受け継いでそれをより完全なものにする意義がある、と考えています。本書でも、第二部、第三部の内容検討にあたっては、そういう部分がかなり出てきますが、そういう意味で受け取っていただきたいと思います。

（2）「資本の循環」の研究（その一）

この章の対象はどこにあるか

第二部の内容に入ります。

最初の篇（「第一篇　資本の諸変態とそれらの循環」）の主題である「資本の循環」とは、どういうことでしょうか。

資本は、貨幣資本、生産資本、商品資本の三つの形態に変化し、その変化をくりかえしながら、運動を続けます。その運動をくりかえす流れのなかで研究するのが、「資本の循環」の篇の主題です。〝くりかえす流れのなかで〟の研究というのは、第一部の蓄積論のところでも述べた言葉でした（本巻一二一ページ）。では、新しい篇での研究は、それとどこが違うのか。この篇に入る最初に、蓄積論と循環論との研究の違いを、資本の運動の表式を使って説明しておきましょう。

資本の運動は、次のような表式で表わされます。

$$G - W \left\langle \begin{matrix} A \\ Pm \end{matrix} \right. \cdots P \cdots W' - G'$$

つぎはG'が新たな出発点になって、同じ形態変換がくりかえされるのです。

蓄積過程の研究では、このうち、「$W \left\langle \begin{matrix} A \\ Pm \end{matrix} \right. \cdots P \cdots W'$」の部分が研究の対象でした。それに前後する「$G - W \left\langle \begin{matrix} A \\ Pm \end{matrix} \right.$」と「$W' - G'$」の二つの流通過程は、順当に進行するものと想定して、研究の対象には含めませんでした。

循環論では、蓄積論で省略した「$G - W \left\langle \begin{matrix} A \\ Pm \end{matrix} \right.$」と「$W' - G'$」を含めて、資本の循環運動の全体を、くりかえす流れのなかで研究しようというのです。

その場合、どの資本形態を循環の主体と見るかで区別される三つの循環形態のそれぞれを、表式にしてみると、循環運動の異なる側面が浮かび上がってきます。生産過程を示す「…P…」部分を除いた、傍線をつけた部分が研究の対象です。

まず「貨幣資本の循環」です。

$$\underline{G - W \left\langle \begin{matrix} A \\ Pm \end{matrix} \right.} \cdots P \cdots \underline{W' - G'}$$

こういうくりかえしになります。

生産資本の場合では、次の循環です。

$$P \cdots \underline{W' - G' - W \left\langle \begin{matrix} A \\ Pm \end{matrix} \right.} \cdots P$$

商品資本の場合は、こうなります。

$$W'-G'-W\left\langle\begin{matrix}A\\Pm\end{matrix}\right.\cdots P\cdots W$$

以上のことを頭において、循環論に入りますが、とくに注意したいところに重点を置いて解説をしてゆくつもりです。

貨幣資本の循環。資本主義的生産の支配領域の拡大

この循環形態で、まず目に入るのは、$G-W\left\langle\begin{matrix}A\\Pm\end{matrix}\right.$およびW′—G′という二つの流通局面が、はじめて研究の対象になることです。そうなると、資本が運動する舞台である社会全体の状況に、いやおうなしに目を向けざるをえなくなります。これは、生産過程の研究では、視野の外においていた問題でした。

$G-W\left\langle\begin{matrix}A\\Pm\end{matrix}\right.$では、まずG—Aが問題になります。労働力の販売者がいなければ、いくらG（貨幣）があっても、その機能を果たせないからです。マルクスは、奴隷制について、奴隷の売買も、その形態から見れば、商品の売買だが、「奴隷制が実存しなければ、貨幣はこの機能を果たしえない」（⑤五六ページ、〔Ⅱ〕38ページ）と書き、同じように、貨幣が$G-W\left\langle\begin{matrix}A\\Pm\end{matrix}\right.$という機能を果たすためには、生産手段を失って自己の労働力の販売以外には生存の道を失った人民大衆の社会的規模での存在が前提になっている、と論じます。そして資本主義的生産は、ひとたび創始されると、労働者と生産手段との分離というこの状態を再生産するだけでなく、絶えずそれを拡大して「ついにはこの分離が一般的支配的な社会的状態になってしまう」のです（⑤五七ページ、〔Ⅱ〕39ページ）。

それだけではありません。それは、まだその社会自体としては資本主義的な発展段階に到達しておらず、前資本主義的な商品生産が支配している地域にたいしても、商品交換を通じて進出し、やがてはそこを資本主義的商品生産に取り込んでしまうという作用をします。

「資本主義的商品生産は、それが発展するのと同じ程度に、あらゆるより古い、主として直接的自家需要を目的として生産物の余剰だけを商品に転化する生産形態にたいして、分解的解体的に作用する。それは、さしあたり外見上は生産様式そのものを侵害することなしに、生産物の販売を主要な関心事にする——たとえば、資本主義的世界貿易が中国人、インド人、アラビア人などのような諸民族に与えた最初の作用がそうであった。しかし第二に、この資本主義的生産が根を張ったところでは、それは、生産者たちの自家労働にもとづくか、または単に余剰生産物を商品として販売することにもとづく、商品生産のすべての形態を破壊する。それは、まずもって商品生産を一般化し、それからしだいにすべての商品生産を資本主義的商品生産に転化させる」（⑤六二ページ、〔Ⅱ〕41〜42ページ）。

この問題は、循環論の最後の結論的部分「第四章　循環過程の三つの図式」のなかでも、より立ち入った内容で追究されています。

「産業資本が貨幣としてあるいは商品として機能するその流通過程の内部では、産業資本の循環は、貨幣資本としてであれ商品資本としてであれ、きわめてさまざまな社会的生産様式――それが同時に商品生産である限りは――の商品流通と交錯する。商品が奴隷制にもとづく生産の生産物であろうと、農民たち（中国人、インドのライヤト〔インドの農民のこと――不破〕）、または共同体（オランダ領東インド）、または国営生産（ロシア史の昔の時代に現われる農奴制にもとづくそれのような）、または半未開の狩猟民族などの生産物であろうと、それらは、産業資本のとる形態である貨幣または商品にたいして、商品または貨幣として相対し、産業資本の循環のなかにも、商品資本によって担われる剰余価値の循環にも――この剰余価値が収入として支出される限り――はいり込む。……したがって、産業資本の流通過程を特徴づけるものは、諸商品の由来の多方面的性格であり、世界市場としての市場の定在である」（⑤一七二～一七三ページ、〔Ⅱ〕113ページ）。

ここで、「第一章　貨幣資本の循環」にもどりますが、マルクスが、続く文章で、資本主義的商品生産を、社会の経済的構造全体を変革する「画期的な搾取様式」と特徴づけていることも、注目すべき点です。この〝画期〟性のなかには、搾取社会を越える次の新しい時代を準備するという意味も、こめられているのではないでしょうか。

「資本主義的商品生産がはじめて画期的な搾取様式となるのであって、この搾取様式は、その歴史的発展の進行のなかで、労働過程の組織と技術の巨大な発達とによって、社会の経済的構造全体を変革し、従来のすべての時代を比類なく大きく凌駕《りょうが》する」（⑤六三ページ、〔Ⅱ〕4

2ページ)。

(3)「資本の循環」の研究(その二) 恐慌論が登場する

一八六五年、恐慌の「運動論」の発見

次は、「第二章 生産資本の循環」です。

この章は、おそらくマルクスも予想しなかった形で、恐慌の新しい「運動論」が『資本論』に登場する初舞台となりました。恐慌論がこの章の中心問題だということではないのですが、こういう事情があるので、『資本論』草稿の執筆過程でマルクスが恐慌問題の新理論を発見した経過や、エンゲルスによる編集の過程で第二章がその理論の初舞台となった経緯を含め、問題のあらましを見てゆくことにします。

まず最初に、『資本論』全体のなかでの恐慌論の位置づけの問題を話しておきたいと思います。恐慌論が、いくつかの要素から構成されることは、すでに説明しました。

『資本論』で最初に出てくるのは、恐慌の「可能性」です。最も単純な形態では、商品と貨幣のところに登場しましたが（本巻六七～七〇ページ）、資本主義的生産を研究するさまざまな局面で、この可能性はより多面的な内容をもってきます。

次は、恐慌の「根拠」です。資本は、剰余価値の拡大を推進的動機として「生産のための生産」の軌道をひた走るが、資本が搾取強化の道を走れば走るほど、生産物を受け容れる市場の方は、狭い限界内にとどまらざるをえない。恐慌とは、その矛盾が爆発することで、第一部の「機械と大工業」のところで、ごく簡単にですが、この問題に触れました（本巻一〇二～一〇五ページ）。

これまで、マルクスの恐慌論というと、「可能性」と「根拠」の二つだけを問題にするのが普通でしたが、これだけでは、恐慌の十分な説明にはなりません。

市場経済は、供給と需要の矛盾にたいして、価格の変動でこれに対応する調節作用をもっています。第三部の対象となる利潤率の平均化なども、この調節作用が資本主義的生産の全体を動かして実現する現象でした。その調節作用が、剰余価値追求の衝動からの資本の暴走にたいして、なぜその力を発揮しないのでしょうか。

さらに言えば、恐慌の根拠をなす資本主義的生産の矛盾は、一時的な矛盾ではなく、不断に働いているものです。しかし、恐慌は、周期的な現象です。「可能性」と「根拠」の指摘だけでは、恐慌という異常現象がなぜ周期的に起こるのか、資本主義の経済循環の秘密を解決することはできないのです。

この問題に答えを与えるためには、資本主義的生産の本性にかかわる供給と需要との矛盾が、なぜ周期的恐慌を引き起こすのか、言い換えれば、資本主義的生産が恐慌を節目とする経済循環という運動形態をとるのか、このことを解明する理論が必要となります。私は、恐慌論のこの部分を、恐慌を節目とする運動形態の解明という意味で、恐慌の「運動論」と名付けました。

マルクスは、この問題意識を、経済学の著作の執筆を開始した最初から強くもっていました。おそらく、そのことへの回答を得たという確信（『五七～五八年草稿』の執筆開始）が、一八五七年に著作執筆を決意する最大の要因の、少なくとも一つとなったのではないでしょうか。

マルクスが最初に立てた運動論は、恐慌という形態での資本主義的生産の矛盾の爆発を、利潤率の低下の現象から説明し、それを社会変革の展望と結びつけることでした。マルクスはこの立場から、恐慌の運動論を確立しようとして、『五七～五八年草稿』から一八六四年後半の『資本論』第三部第三篇の執筆まで努力を続けましたが、確信の持てる理論展開には、ついに成功しませんでした。

そのマルクスの頭脳に、一八六五年初め、第二部の最初の草稿である第一草稿にとりかかり、資本の循環を論じる最初の部分を書いている中でですが、突如、恐慌の運動論を解明するまったく新しい視点がひらめいたようです。

マルクスは、そのとき、ごく簡単な文章で、新しい運動論の要旨を草稿に書きつけましたが（『資本の流通過程』［第二部第一草稿の邦訳］一九八二年、大月書店、三五ページ）、その内容をよく研究したうえで、第一草稿の少し先の部分に、より詳細な内容をあらためて書き込みました（同前四七～五〇ページ）。

これは、ただ恐慌を節目とする経済循環という運動形態の解明に成功したというにとどまらず、資本主義の現在の発展段階の評価から、その没落の展望のとらえ方にもかかわる大発見となりました。マルクスは、この新しい恐慌論を一八六五年後半に執筆した第三部後半部分では、第四篇の商人資本論のところで、固定資本の運動に重点をおきながら、より立ち入って展開しました（⑨五一四～五一六ページ、〔Ⅲ〕３１５～３１７ページ）。

しかし、恐慌論の研究がここまで発展してきた以上、問題の重要性からいって、『資本論』では、恐慌論を、その可能性、根拠、運動論の全体を視野に入れて考察する場所が必要になります。マルクスは、一八六八～七〇年に第二部の第二草稿を書いたとき、そこに書き込んだ「覚え書き」のなかで、第二部の第三篇「社会的総資本の再生産と流通」に恐慌論のまとまった展開の場所を設ける、という構想を書きつけました〔＊〕。

＊ **マルクスの「覚え書き」** マルクスは、第二部第二草稿のなかで、恐慌の問題に触れた短い「覚え書き」を書き、その文章を「このことは、次の篇に属する」と記しました。これは、「第二篇 資本の回転」のなかでの「覚え書き」（⑥四九九ページ、〔Ⅱ〕３１８ページ）でしたから、「次の篇」とは「第三篇」を指すものでした。マルクスの第二部第三篇の執筆は、本巻二三三～二三五ページに見るように、再生産論を「拡大再生産」の表式化に成功したところで中断しまし

たから、恐慌論についてのこの構想は実現しないままに終わりましたが、実現していたら、第三篇の後半部分が可能性、根拠、運動論の全体にわたる恐慌論の展開となったであろうことは間違いないところでしょう。

以上のことを頭において、「第二章　生産資本の循環」での恐慌問題の扱いの検討に入りたいと思います。

恐慌論の突然の登場

エンゲルスは「第二章　生産資本の循環」を、マルクスの第五草稿（一八七七年執筆）によって編集しました。

ところが、この章に、マルクスが第一部では言及を避けてきた恐慌にかかわる「理論的叙述」が、突然、顔を出してくるのです。

それは、「第一節　単純再生産」の終わりに近い部分です。そこで、恐慌問題についての考察が二つの段落にわたっておこなわれています。

最初の段落は次の文章です。

「W″—G′という行為は、資本価値の循環の継続のために、また資本家による剰余価値の消費のために、W′が貨幣に転化され、販売された、ということだけを想定する。W′が購買されるのは、もちろん、その物品がある使用価値であり、したがって生産的または個人的ななんらかの種類の消費に役立つからにほかならない。しかし、W′が、たとえば糸を買った商人の手中にあってさらに流通するとしても、そのことはさしあたり、この糸を生産して商人に売った個別資本の循環の継続には、少しも関係はない。全過程はその進行を続け、またそれとともに、その進行によって条件づけられる資本家および労働者の個人的消費も進行を続ける。〔これは〕恐慌の考察にさいして重要な一点」(⑤一一九ページ、〔Ⅱ〕80ページ)。

それに続く二番目の段落はかなり長いもので、恐慌にいたる経済過程の説明ですが、なかなか趣旨の読み取りにくい部分となっています。そしてそのあとの叙述は、恐慌論とは無関係な、この章の本題である「生産資本の循環」にもどるのです。

マルクスがなぜ、ここでそこまで詳しく恐慌を論じたのか、その恐慌論の中身は何だったのか。おそらく多くの場合、その意味が理解されないまま、読みすごされてきた部分だったのではないでしょうか。

実は、ここには、マルクスの草稿についてのエンゲルスの大きな読み違いがありました。

マルクスの草稿の本文では、恐慌に触れたのは、いま引用した最初の段落だけだったのです。循環論に関連して「W′—G′」のところに、恐慌の運動論にかかわる大事な問題がある、その中身はしかるべき場所で論じるつもりだ、こういうことを予告的にしめすのが、マルクスの真意でした。だから、この文章は、「恐慌の考察にさいして重要な一点」という示唆的な言葉で終わっていたのでした。そして、予告された恐慌論の核心は、まさに第二部第一草稿でマルクスが発見した恐慌の運動論だったのです。

では、それに続く第二の段落とは何だったのか。実は、マルクスは、草稿のこの部分に「注」をつけて、第一草稿のなかの、恐慌の運動論を詳しく説明した文章を書き写していました。おそらく、のちに草稿のしかるべき場所（おそらく先ほど見た、第二部第三篇の末筆の後半部分）で恐慌論を本格的に論じる時のための心覚えのつもりだったのではないか、と思います。

エンゲルスは、マルクスがこの文章を「注」とした意図を理解せず、それを、自己流に書き変えたうえ、本文に組み込んでしまったのです。エンゲルスは、それが第一草稿からの引用だということも気付かなかったと思います。

こうして、エンゲルスの編集上の誤解から、「生産資本の循環」の章が、恐慌論が突然登場する舞台になってしまったのでした。

新しい恐慌論の内容（その一）。「流通過程の短縮」

資本の循環論とは、もともと、恐慌の理論を展開する場所ではないのですが、なりゆき上、その一端に触れることになってしまったので、ここであらためて、マルクスが第二部第一草稿に書きつけた恐慌の新しい運動論のあらましを紹介しておくことにします。そこに、三つの文章がありました。

第一の文章は、恐慌の新しい運動論が頭にひらめいたとき、急いで書きつけたと思われる短い文章です。

「もしも銀行が資本家Aに、彼が彼の商品にたいする支払いのかわりに受け取った手形にたいして（割引で）銀行券を前貸しするか、あるいは直接に、まだ売れていない彼の商品にたいして彼に銀行券を前貸しするかするとすれば、この銀行券は相変わらず、対象化された労働を、つまり〔資本家〕Aの商品のうちにすでに物質化されている労働を表わすのであり、それは現存する商品の転化形態であろう。〔その場合は、〕ただ、商品あるいは支払手段（手形）が貨幣に転化される時間が先取りされ、それによって、流通過程が短縮され、再生産過程が加速される、等々というだけであろう、——ただ商品の貨幣さなぎ化が先取りされるだけであろう。またこの過程を通じて、販売が現実の需要から独立し、架空のW—G—Wが現実《レアール》のそれにとってかわることができ、そこから、恐慌が伝播されうるのである。（過剰生産、等々。）」〔＊〕（『資本の流通過程』三五ページ）。

＊『資本の流通過程』からの引用文では、『新メガ』によって訳文を訂正した箇所があります。以下同じ。

新しい運動論の中心点は、商品が最終消費者の手に届く前に、商品の貨幣への転化を先取りする「流通過程の短縮」という運動形態の発見にありました。この最初の文章では、その作用の担い手として「銀行」をあげていますが、マルクスは間もなくその誤りに気づいて、第二の文章では、その担い手を「商人」に訂正します。相手が銀行では、生産過程に再投資する資金は手に入るが、商品の販売は自分の仕事としてそのまま残っており、流通過程が短縮したことにはならないからです。

その訂正を含めて、新しい運動論の核心を要約すると、つぎのようになります。

（1）資本家は、生産した商品を商人に売れば、それが消費者の手に届くのを待たないで、商品を貨幣に転化することができる（マルクスは、この操作を「流通過程の短縮」と呼びました）。

（2）資本家は、これによって再生産過程を加速させることができるが、そこでは、販売が現実の需要から独立し、「架空のW—G—W」が「現実《レアール》のそれにとってかわる」ことになる。

（3）資本主義的生産がこの「架空の」軌道をすすむことによって、恐慌が準備される。

「流通過程の短縮」、あるいは〝再生産過程が「架空の」軌道をすすむ〟、などは、新しい恐慌論の要《かなめ》を担う言葉ですが、マルクスは、第二部の先の箇所では、そこまで説明することはせず、「商人」の登場が恐慌の考察で「重要な一点」となることの指摘にとどめ、これを、のちの恐慌論の本格的な展開への伏線の言葉としたのでした。

新しい恐慌論の内容（その二）。経済循環の全過程の追跡

第二の文章は、問題をさらに深く研究したあとに書かれたもので、「W′—G′……」に始まって、恐慌にいたる経済循環の全過程をこの運動形態によってシミュレーション的に追跡した次の文章です。ここでは、先の誤解に気が付いて、「流通過程の短縮の担い手」が銀行から商人に訂正されています。

「W′は、売られると、つまり貨幣に転化されると（それが流通手段としての貨幣の介在によって行なわれるのか、それとも、価値残高の決済のための支払手段としての貨幣によって行なわれるのかはまったくどうでもよい）、すぐにそれは、労働過程の、それゆえにまた再生産過程の実体的《レエル》諸要因に再転化されうるのである。だからW′が本当の最終消費者によって買われているのか、あるいは、それをふたたび売るつもりでいる商人によって買われているのかは、直接には事態をなんら変えるものではない。［A］したがって、再生産過程は、そこで産出された商品――生産過程の諸結果――が、個人的消費を予定されたものであって、現実には消費にはいっていなくても、ある範囲内では――**というのは、一定の限界を越えると、市場の供給過剰と、そしてそれにともなう再生産過程自体の停滞が起こるであろうから**――拡大された規模ないし同じ規模で進行することができるのである。［B］そして、もしこの過程が拡大されているときには——それは生産手段の生産的消費の拡大を含む——、このような資本の再生産は、労働者の個人的消費（したがって需要）の拡大をともなうことがありうる。なぜなら、これは、生産的消費に含まれているからである。こうして、剰余価値の生産が、それゆえ資本家の繁栄が、労働者の消費と需要が増大し、全再生産過程が繁栄のさなかにあるというのにもかかわらず、商品の一大部分は、ただ見かけの上でだけ消費にはいったのであり、現実にはしかし、売れないまま転売者たちの手のなかにある、したがって、実際にはまだ市場にある、ということがありうるのである。さしあたりは商品の流れが次から次へと続き、そしてついに、前の流れはただ見かけの上でだけ消費に呑みこまれているのだ、ということが明るみにでる。商品資本家たちは市場でたがいにその席を奪い合う。あとからやって来るものは、売るためには価格を下げて売る。以前の流れを捌《さば》くことができないでいるのに、それの買い手には支払期限がやってくる。彼らは、破産を宣言せざるをえない、等々、そして、支払うためにはどんな価格でも売る。このような販売は、需要の現実の状態とは絶対になんの関係もない。それは、ただ、支払金にたいする需要に、どんな価格ででも商品を貨幣に転化させたいという絶対的な必要に、関係があるだけである。そこで、全般的な瓦解、恐慌が勃発する。それが目に見えるようになるのは、消費需要が、つまり個人的消費にたいする需要が直接減退することによってではなく、資本と資本との交換が、資本の再生産過程が縮小することによってである」［＊］

(『資本の流通過程』四七〜四九ページ)。

＊ この文章につけた太字および［A］、［B］の挿入は、不破のもので、その意味はすぐ解説します。

エンゲルスは、マルクスが心覚えのために「注」として書きつけたこの文章を、本文への追加的な補足分だと思い込んで、本文に挿入してしまったのだと思います。これは明らかに、エンゲルスの編集上の誤解でした。

この文章は、新しい運動論にもとづいて、経済循環の過程をシミュレーションした文章でしたから、「流通過程の短縮」、「架空の軌道」など、新しい理論の要をなす諸点をつかんではじめてその意義がわかるという性質をもっていました。エンゲルスは、マルクスの新しい見地を理解しないまま、この文章のなかの、恐慌の起こる仕組みの説明にかかわる重要な部分(引用文中の太字の部分)をけずってしまい、自分で書いた次の文章を［A］［B］の二ヵ所にはめ込んでしまいました。

［A］「資本主義的生産によってつくり出される商品総量の広がりは、この生産の規模とこの規模の不断の拡大への欲求とによって規定されるのであり、需要と供給との、充足されるべき諸欲求の、ある予定された範囲によって規定されるのではない。大量生産は、その直接の買い手としては、他の産業資本家たちのほかは、卸売商人しかもちえない」(⑤一一九ページ、〔Ⅱ〕

80ページ)。

［B］「商品の消費は、その商品を生み出した資本の循環には含まれていない。たとえば糸は販売されてしまえばすぐに、販売されたその糸がさしあたりどうなろうとも、糸で表わされた資本価値の循環は新たに始まりうる。生産物が販売される限り、資本主義的生産者の立場から見れば万事は規則正しく進行する。彼によって代表される資本価値のその循環は中断されない」(⑤一一九～一二〇ページ、〔Ⅱ〕80～81ページ)。

こうして、せっかくのこの文章も、恐慌の運動論のシミュレーションという本来の性格を失い、経済循環の過程の叙述という平凡な文章に、性格を変えることになってしまったのです〔＊〕。

＊　私は、最初、この書き換えの問題を論じたとき(『マルクスと「資本論」』③七九～八一ページ、二〇〇三年)、マルクスによる書き換えと考えて、その意味合いを論じました。当時は第五草稿を見る機会はなかったのですが、マルクスがあらためて本文に書き込んだものではなく、「注」として第一草稿をそのまま転記したものであったこと、エンゲルスが、その「注」を本文に繰り込み、そのさい、「流通過程の短縮」の意義を理解しないまま書き換えた文章だとわかったいまでは、前回の解釈で訂正すべきところが大きく出てきました。この機会に、そのことを指摘しておきたいと思います。

新しい恐慌論の内容（その三）。世界市場と信用の問題

第三の文章は、第二の文章に続く一連の文章で、運動論の発見の意義やそれにもとづく今後の研究課題などが、意欲的に展開されています。一部だけ紹介しておきます。

「資本主義的生産様式は、その過程の規模が必要とする、流通過程を短縮する形態を信用のなかでつくり出すのであり、そして、この生産様式によって同時につくり出される世界市場は、具体的などんな場合にも、この形態の作用を見えなくすることを助け、あわせてこの形態に、その拡張に向けて、特別の活動の場を提供するのである。恐慌を信用の濫用から説明するということは、恐慌を資本の現象的な流通形態から説明することを意味する」（『資本の流通過程』四九ページ）。

マルクスは、以前から、恐慌問題で、「信用」および「世界市場」が果たす役割を非常に重視していました。しかし、恐慌の運動論の発見にいたる以前には、「信用」の問題でも「世界市場」の問題でも、それらが恐慌に関連してどういう役割を果たすかを研究する道筋を見いだせないでいました。「流通形態の短縮」は、その難問に光を当てる新たな境地を切り開いたのです。具体的な展開は今後の問題となりますが、いま引用した文章には、新たな境地に到達したマルクスの喜びが反映しているのでは、と思います。

なお、現行『資本論』では、恐慌の新しい運動論は、最初の二つの文章の内容に関するかぎりでは、第三部第四篇の商人資本のところで、詳細に解明されていますが、第三の文章で取り上げた「信用」と「世界市場」の問題は、そのことを主題として本格的に論じる機会はなかったようで、ここには、今後の研究課題が大きく残されることになりました。

ここで、第二部の問題にもどりますが、先ほども述べたように、マルクス自身には、「資本の循環」の篇で恐慌論を本格的に展開するつもりはありませんでした。ことは、エンゲルスの編集上の誤解から起こったことでしたが、誤解からにせよ、マルクスの文章を正確に紹介すれば、この篇が、第一草稿で発見した恐慌の「運動論」の中心部分を紹介する『資本論』での最初の場所となるという結果になるところでした。ところが、エンゲルス自身が、肝心の運動論をまったく理解していなかったのですから、その内容は、マルクスの新しい恐慌論の紹介とはとても言えない、残念な結果に終わったのでした。

もう一点付言すれば、マルクスが一八七七年に執筆した第五草稿で、「恐慌の考察」にかかわる「重要な一点」への「注」として、恐慌の運動論を叙述した第二部第一草稿の文章を引用していること自体が、たいへん重要な意味をもっていました。それは、マルクスが、『資本論』の草稿執筆の最終段階で、第一草稿で展開した恐慌の運動論が、自分の恐慌論の一つの到達点を示すものと位置づけていたことを実証するものでした。

商品資本の循環。社会的総資本の再生産と流通が提起される

最後の「第三章　商品資本の循環」は、剰余価値部分を含むW′が、市場でどうして販売の条件を得るかが、なによりの問題となります。

「W′…W′という形態では、総商品生産物の消費が、資本そのものの循環の正常な進行の条件として前提されている。総個人的消費は、労働者の個人的消費と、剰余生産物の蓄積されない部分の個人的消費とを包括する。したがって、消費は、その全体が――個人的消費として、および生産的消費として――条件としてW′の循環にはいり込む。……この形態では、一方では個人的消費元本への、他方では再生産元本への社会的総生産物の配分も、この二つの元本への各個別商品資本にとっての生産物の特殊な配分も、資本の循環のなかに含まれている」（⑤一四八～一四九ページ、〔Ⅱ〕97～98ページ）。

こうして、循環のこの形態ではじめて、資本主義社会全体の規模での「社会的総資本の再生産と流通」が問題になってきました。

ここでは、循環の問題を、個々の産業資本の運動形態としてばかりでなく、「個別的諸資本の総和の運動形態すなわち資本家階級の総資本の運動形態として――個別の各産業資本の運動が、他の部分運動とからみ合い他の部分運動によって条件づけられる一つの部分運動としてのみ現わ

れる運動として――考察する」ことが提起されます（⑤一五四ページ、〔Ⅱ〕101ページ）。

さきに引用した、ケネーの「偉大な真の見識」についてのマルクスの賛辞（本巻一六七ページ）は、この章の結びに述べられた言葉でした。

（4）「資本の回転」（その一）　恐慌の周期性の物質的基礎

固定資本と流動資本

第二篇の研究対象は、「資本の回転」です。ここでは、資本の運動についての量的な考察が、大変大きな比重を占めます。この問題では、資本の新しい区別として、「固定資本」と「流動資本」という新しい概念が出てきます（「第八章　固定資本と流動資本」）。この概念の規定を正確につかむことがまず重要になります。

不変資本を構成する生産手段のなかでも、機械や道具などの労働手段は、一度の生産過程で消費されてしまうものではなく、くりかえし利用されますが、原料や燃料などは、生産過程で完全に消費されます。前者を「固定資本」、後者を、労働力と合わせて「流動資本」と呼ぶのです。この両者は、生産物の価値形成への参加の仕方も違ってきます。流動資本の場合には、その価値の全額が生産物の価値に移されますが、固定資本の場合は、価値の一部しか生産物の価値に加わりません。価値の移転の量は、その労働手段が働き続ける期間、耐用年数によって違ってきます。

実は、マルクス以前の経済学は、資本の区別としては、一番基本になる「不変資本」と「可変資本」の概念を知らず、固定資本と流動資本の規定しか持たなかったために、それらの概念自体にも、いろいろな混迷が持ち込まれました。マルクスは、価値論を正確に適用して、この分野でも、科学的な見解を体系的にうちたてました〔＊〕。

＊ **この問題でのマルクスの苦労** 本章の冒頭でも若干触れましたが、マルクスは、固定資本と流動資本の問題で科学的な規定を確立するまでに、大変な苦労をしました。

マルクスが、『五七～五八年草稿』で最初にたてたのは、資本の循環の諸局面を順次通過してゆく主体としての資本が「流動資本」、局面のうちの一つに固定されている資本が「固定資本」、という規定でした。この立場から、それまでの経済学の諸規定の総批判を企てたのですが、その検討のなかで、最初の規定を撤回し、前述の正確な規定に到達したのでした。

その検討過程は、草稿のノートで二一五ページ（『草稿集』で一一五ページ〈②三五六から四七〇ページまで〉）にも及びました。

恐慌の周期と固定資本

固定資本の研究のなかで、マルクスは、恐慌の周期性について重要な結論を引き出しました（「第九章　前貸資本の総回転。回転循環」）。固定資本の耐用年数の平均的な長さが、恐慌の周期性の一つの物質的基礎をなすという結論です。

「大工業のもっとも決定的な諸部門については、この生命の循環〔固定資本の耐用年数のこと――不破〕はこんにちでは平均して一〇年と想定しうる。……資本がその固定的構成部分によって縛りつけられている、連結した諸回転からなる、数年間にわたるこのような循環によって、周期的恐慌の一つの物質的な基礎が生じるのであり、この循環のなかで、事業は、弛緩、中位の活気、大繁忙、恐慌、という継起する諸時期を通るのである。なるほど資本が投下される時期は、非常にさまざまであり、一致することはない。とはいえ、恐慌はいつでも大きな新投資の出発点をなす。したがってまた――社会全体として考察すれば――多かれ少なかれ次の回転循環のための一つの新たな物質的基礎をつくり出す」（⑥二九〇ページ、〔Ⅱ〕185～186ページ）。

第二部のこの部分は、第二草稿（一八六八～七〇年執筆）から編集されていますが、この問題には、マルクスとエンゲルスのあいだの先行するやり取りがありました。

一八五八年三月、『五七〜五八年草稿』の固定資本の部分を執筆中のマルクスが、エンゲルスに次のような質問の手紙を出したのです。

「ついでだが、たとえば君たちの工場では、どのくらいの期間で機械設備を更新するか、教えてもらえないだろうか? バビジ〔*〕の言うところでは、平均してマンチェスターでは機械設備の本体は五年ごとに更新されるとのことだ。これは僕にはやや意外で、十分には信用できないように思われる。機械設備が更新される平均期間は、大工業が確立されて以来産業の運動がとおる多年的循環を説明するうえでの一つの重要な契機なのだ」(一八五八年三月二日 全集㉙二三〇ページ)。

＊ **バビジ**、チャールズ(一七九二〜一八七一) イギリスの数学者で、機械学者、経済学者でもありました。マルクスが読んだのは、彼の『機械およびマニュファクチュア経済論』(一八三二年)でした。

この質問に対して、エンゲルスは二日後に、工場での計算例を具体的に示しながら、明確な回答を寄せました。

「バビジの断定はまったくばかげたもので、もしそれがほんとうなら、イギリスの産業資本はたえず減少し貨幣はただ投げ棄てられるばかりということにならざるをえないだろう。……

機械の本体に別の性質を与える、つまり多少ともそれを更新するには、一〇年から一二年で十分だ。一三⅓年という期間は、もちろん、倒産とか、修理が高価につきすぎるような主要部分の破損とか、その他類似の偶発時に影響されるので、この年数はもうすこし短く考えてもよい。だが、一〇年を下ることはおそらくあるまい」（一八五八年三月四日　同前二三二〜二三三ページ）。

マルクスは、わが意を得たという調子で、返書を受け取ってすぐ次の手紙を書きました。

「機械についての説明ありがとう。一三年という年数は、それが必要なかぎりでは、理論に一致している。というのは、この年数は、工業の再生産期間の一単位を示しており、この単位期間は、大きな恐慌が繰り返し現われる周期と多かれ少なかれ一致しているからだ。もちろん、恐慌の経過は、その再生産期間から見て、なおまったく別な諸契機によって規定されるのだが。僕にとって重要なのは、大工業の直接的物質的諸条件のなかに循環の一つの契機を見いだす、ということだ」（一八五八年三月五日　同前二三四ページ）。

このやりとりを受けて、マルクスは『五七〜五八年草稿』に、次のように書きこんだのでした。

「バビジによれば、イギリスにおける機械装置の平均的な再生産は五年であり、だから実体的な再生産期間は一〇年かもしれない、とのことである。固定資本が大規模に発展して以来、一〇年前後の期間で産業が通過する循環が、このように規定された資本の総再生産局面と関連していることには、まったく疑問の余地がない。われわれはこれとは別の規定的諸根拠をも見いだすであろう。しかしこれが、一つの規定的根拠なのである」(『草稿集』②五一三ページ)。

マルクスが、重大な発見をしながら、それが周期性の唯一の根拠ではなく、多くありうる「規定的根拠」のなかの「一つ」だということを、この時期にも、また現行『資本論』のなかでも、くりかえし指摘していることは、重要な点です。現代の世界と日本での恐慌を考える場合にも、そういう研究の幅が必要だからです。

マルクス自身、後年、恐慌の周期が短くなったのではないかと考え、一八七五年に書いたフランス語版では、次のような新しい見解を発表しました。

「いままでのところ、この循環〔産業循環のこと――不破〕の周期の長さは一〇年か一一年であるが、この数字を不変なものとみなすべき理由はなにもない。反対に、われわれがこれまで展開してきた資本主義的生産の諸法則からは、それは可変的であること、そして循環の周期はしだいに短縮されることが結論されなければならない」(『資本論』④一〇八九ページ、〔Ⅰ〕662ページへのフランス語版からの書き込み。訳文は、林直道編訳『マルクス　資本論フランス語版』〔一九七六年、大月書店〕により、フランス語版原文とも照合しました)。

「循環の周期はしだいに短縮されるであろう」というマルクスのこの時の結論は、的確なものではありませんでした。しかし、恐慌の周期と固定資本の回転期間との関係で重大な発見をおこないながら、それを絶対化しないでいくつかの「規定的諸根拠」の一つとして扱い、周期そのものについても、歴史のなかで変化が起こりうるものとしたマルクスの思考の柔軟性は、現代の恐慌を考えるうえで、心に刻んでおくべきことだと思います。

（5）「資本の回転」（その二）

資本の過多（プレトラ）問題

少し先に進みます。マルクスは、資本の回転の問題をいろいろな角度から考察した後、第一五章（「資本前貸しの大きさにおよぼす回転時間の影響」）で「資本の過多（プレトラ）」問題をとりあげます。

「資本の過多（プレトラ）」とは、古典派経済学が問題にしてきた問題です。古典派経済学は、恐慌の必然性を認めませんでした。リカードゥの時代までは、部分的な恐慌現象はあっても、全般的な恐慌は起こりませんでしたから、それで済んだのですが、リカードゥ以後、恐慌が現実のものとなってくると、単純な恐慌否定論はもはや通用しません。その苦境を逃れるために、「商品の過剰」はありえないが、「資本の過多（プレトラ）」は起こりうるという弁明を編み出したのでした。

しかし、恐慌の時期には、商品の過剰とともに、資本の過剰という現象も起こります。ですから、マルクスも、経済学研究のなかで、この問題をとりあげてきました。

ただ、この章では、恐慌の時期の現象を問題にしてはいません。資本の通常の運動の過程そのものに「資本の過多（プレトラ）」を引き起こす一つの根源があるという角度から、問題にせまることを試みたのでした。

資本の回転というのは、内容的に言えば、資本が生産過程にある「労働期間」と流通過程にある「流通期間〔＊〕」を交互にくりかえしてゆくことです。

＊ **流通期間**　第一五章には、「流通期間」と「通流期間」の二つの語が出てきますが、マルクスは、どちらも同じ意味で使っています。

マルクスは、いろいろな具体例を示して詳細な計算をしたうえで、回転のなかで、資本の一部が「労働期間」にも「流通期間」にも属さない状態、つまり回転の枠からはみ出す遊離状態が、周期的に生まれることを論証します。そしてそこから、次の結論をひきだしました。

「以上のことから結論として出てくるのは、社会的総資本にとって、その流動部分について見れば、資本の遊離が通例であり、つぎつぎに生産過程で機能する諸資本部分の単なる入れ替わりは例外でなければならないということである。……

したがって、毎年何度か回転する社会的流動資本の非常に大きな部分が、年々の回転循環中、周期的に遊離資本の形態をとるであろう。

さらに明らかなことは、他の事情をすべて不変とすれば、この遊離資本の大きさは、労働過程の範囲または生産の規模とともに、すなわち一般に資本主義的生産の発展とともに、増大するということである」（⑥四四二ページ、〔Ⅱ〕282ページ）。

マルクスは、すでに執筆ずみだった『資本論』第三部の信用論草稿（一八六五年執筆）のなかで、「循環の一定の諸局面ではつねに貨幣資本の過多《プレトラ》が生じざるをえない」（⑪八七七ページ、〔Ⅲ〕523ページ）と書いていました。第二部でのこの論証は、おそらくその時から考えていたことの具体化だったのだと思います。

だが、マルクスのこの論証には大きな錯覚がありました。編集したエンゲルスも、この章のマルクスの論証には不安をもったようで、この章の「第四節　結論」の末尾にエンゲルス自身の一文を書きくわえ、論証過程に若干の訂正をくわえたものの、資本の回転のなかで遊離資本が周期的に生まれるというマルクスの結論そのものは正しいとしました。

ただ、私の見解では、マルクスの論証も、そこに追記を書いたエンゲルスの論証も、誤っていました。マルクスが描いてみせた資本の回転の具体例とは、資本の周期的な遊離が生まれるような条件を設定したうえでの具体例であって、回転の設定を変えれば、資本の遊離を生まず、すべての資本が回転を続ける具体例はいくらでもつくることができるのです〔＊〕。率直に言えば、〝マルクスにも失敗あり〟ということで、ここには、私たち後世の研究者を、ある意味でほっとさせる響きがあります。

＊　資本の遊離を生まない回転の具体例　不破『「資本論」全三部を読む』第四冊（二〇〇三年）に、その具体例の一つを例示しましたので、ご参照ください（二三六～二三九ページ）。

〝祭りが終わってから〟社会的理性が働く

次の「第一六章　可変資本の回転」には、恐慌論にかかわる論及で、見逃せない箇所が二つあります。

第一。マルクスはここで、回転期間が短く年に一〇回転する資本Aと、回転期間が長く年に一回転しかしない資本Bとを例にとって、二つの場合の比較論をいろいろな角度から展開してみせます。そして取り上げられた最後の角度として、それぞれの資本の回転を社会的角度から見たら、どんな問題が起きるかに話を進めるのです。

年単位で見ると、どんな問題が起きるか。資本Aの場合には、回転のたびに市場から労働者の生活手段と生産資本の諸要素を市場から引きあげるが、同時に回転が終わるごとにそれを上回る生産物を市場に供給しますから、大きな違いは起こりません。ところが、資本Bの場合は、生活手段や生産資本の諸要素を一年間引き上げっぱなしで、それを埋め合わせる生産物が市場に供給されるのは年末ぎりぎりになります。市場では収支の計算のあわない事態がずっと続くのです。

こういう例を具体的に詳しくあげたうえで、マルクスは続けます。

「資本主義社会でなく共産主義社会を考えてみると、……事態は単純に次のようになる――すなわち、社会は、たとえば鉄道の建設のように、一年またはそれ以上長い期間のあいだ生産諸手段も生活諸手段も、またなんらの有用効果も供給しないが、年々の総生産からは労働、生産諸手段、生活諸手段を引きあげる事業部門に、どれだけの労働、生産諸手段、生活諸手段を滞りなく振り向けうるかをあらかじめ計算しなければならない、ということに帰着する。これに反して、社会的理性〔＊〕がいつも〝祭りが終わってから〟はじめて妥当なものとされる資本主義社会では、つねに大きな撹乱が生じうるのであり、また生じざるをえない」⑥四九七～四九八ページ、〔Ⅱ〕316～317ページ)。

＊　新書版では、ドイツ語の「フェルシュタント」に、場所によって「悟性」、「理知」など違う訳語があてられていますが、本書では「理性」に統一しました。

資本主義社会と共産主義社会とのみごとな比較論だと思います。資本主義社会では、社会的理性が〝祭りが終わってから〟はたらく、日本流に言えば、〝後の祭り〟ということですが、恐慌にまで爆発しなくても、政府が公共工事に熱を入れると、労働力がそちらに流れて、一番大事な東北災害地の復興が停滞をきたす――こうした〝社会的理性〟の欠落状態は、ほとんど毎日のように、いたるところで経験されていることです。

この文章は、実は、『資本論』のなかでも、未来社会が「共産主義社会」というそのものズバリの名前で出てくる数少ない場所の一つです。そのことを頭において読むと、その味わいが一段と深くなるのではないでしょうか。

〝祭りが終わってから〟とは、この文章では、生産物の需要と供給の関係の問題で述べられていることですが、資本主義社会における〝社会的理性〟の欠落は、そこにとどまらず、人間生活のさまざまな部面で、人類の運命にかかわる深刻さをもって現われています。ひたすら生産の無制限的拡大を追求してきた結果生み出された地球温暖化の危機や、スリーマイル、チェルノブイリ、福島と、世界でも日本でも大災害を経験しながら、核廃棄物処理の方策も未解決のまま、原子力依存の危険な道に固執する日本の政府・財界の態度も、その集中的な現われにほかなりません。

なお、社会的「理性」という言葉を使っての、資本主義批判は、『資本論』第三部にも出てきますから、紹介しておきます。

「資本主義的生産では、総生産の連関は、盲目的な法則として生産当事者たちに自己を押しつけるのであり、彼らの結合した理性によって把握され、それゆえこの理性によって支配された法則として、その理性が生産過程を彼らの共同の管理のもとにおいたのではないからである」（⑨四三八ページ、〔Ⅲ〕267ページ）。

恐慌論についての「覚え書き」

第二。もう一つは、同じ第一六章の少し後の部分に書き込まれた恐慌の問題に関する「覚え書き」です。これは、エンゲルスが、「草稿では、将来の仕上げのために次のような覚え書がここに書き込まれている」との前書きをつけて、「注」として収録したものです（⑥四九九ページの「注三二」、〔Ⅱ〕318ページ）。

最後に述べられた、恐慌問題を『資本論』のどの部分で扱うかについてのマルクスの考えを述べた部分は先ほど見ましたので（本巻一八一〜一八二ページ）、ここでは、恐慌そのものを論じた部分だけを紹介しておきます。

この文章には、何ヵ所かの写し違いがあったことが、『新メガ』で第二部草稿を担当した大谷禎之介氏によってその誤りが発見され、訂正がおこなわれました。これによって、いままで意味のとりにくかった箇所が理解できるものとなりました。ここでは、大谷氏の訳文で紹介することにします（訂正した主要な箇所は太字で記し、エンゲルス版の語や文章は注で示しました）。

「資本主義的生産様式における矛盾。労働者は商品の買い手として市場にとって重要である。彼らの商品——労働力——の売り手としては、市場を最低限に制限する傾向がある。さらに次の矛盾。資本主義的生産がその全力能を発揮する諸時期、その限度まで生産する時期は、過剰生産の諸時期であることが明らかとなる。なぜなら、生産の諸力能は、それによって剰余価値〔＊1〕が生産されうるだけでなく実現もされうる**かぎりにおいて充用されることができるだけである**〔＊2〕が、商品資本の実現（商品の販売）は、したがってまた剰余価値の実現は、社会の消費欲求によってではなく、その大多数の成員がつねに貧乏であり、またつねに貧乏のままであらざるをえないような社会の消費欲求によって限界を画され、制限されている等々だからである。けれども、ここでの話のいっさいが、次の篇ではじめて問題になることである」。

＊1　現行版で、「剰余価値」が「より多くの価値」となっていました。
＊2　現行版では、「かぎりにおいて充用されることができるだけである」という肯定の文章が、「というところまでは、決して使用されえない」という否定の文章に変わっていました。

この文章は、先ほど挙げた恐慌論の三つの要素（可能性、根拠、運動論）という角度から言えば、恐慌の「根拠」論に属するものですが、マルクスが、冒頭に「資本主義的生産様式における矛盾。」と書き、恐慌をその集中的な現われと位置づけていることは、恐慌の新しい運動論の発見以後の文章であるだけに、注目すべき点だと思います。

（6）第三篇の壮大なテーマ

考察の対象は資本主義社会全体の運動

「社会的総資本の再生産と流通」と題するこの第三篇は、この著作の最初のプランには、まったく予定されていなかったものでした。しかし、この主題の存在が発見されてみると、それが、資本主義社会の全体的な関連と運動を包括的に把握しようとする、きわめて壮大で、科学的な経済学にとって不可欠の主題であることが、明らかになったのでした。

マルクスは、この篇の「第一八章　緒論」で、これまでの研究の対象は、個別の資本の運動であり、他の資本が問題となる場合でも、その個別の資本との関連で研究されたのだった、と述べます。

「第一部では、資本主義的生産過程が個別的過程として、さらにまた再生産過程として分析された」（⑦五五七ページ、〔Ⅱ〕３５２ページ）。

「この第二部の第一篇では、資本がその循環中にとるさまざまな形態と、この循環そのもののさまざまな形態とが考察された。……第二篇では、〔資本の〕循環が周期的循環として、すなわち〔資本の〕回転として考察された。……しかし、第一篇でも第二篇でも、問題になったのは、いつも、ただ一つの個別資本であり、社会的資本の自立化された一部分の運動だけであった」（⑦五五八ページ、五五九ページ、〔Ⅱ〕353ページ）。

「しかし」として、マルクスは続けます。

「個別諸資本の循環は、からみ合い、前提し合い、条件づけ合っており、まさにこのからみ合いにおいて社会的総資本の運動を形成する。……社会的総資本の循環には、個々の資本の循環には属さない商品流通、すなわち資本を形成しない諸商品の流通をも含んでいる。

いまや、社会的総資本の構成部分としての個別諸資本の流通過程（この過程は、その総体において再生産過程の形態をなす）が、したがってこの社会的総資本の流通過程が、考察されなければならない」（⑦五五九ページ、〔Ⅱ〕353〜354ページ）。

この構想への到達までの主要な契機を見ると

冒頭に述べたように、このテーマと構想は、マルクスの経済学の著作当初プランにはなかったものです。

どういう経過を経て、この構想が出来上がってきたのか。その主要な転機を、マルクスの研究史のなかから拾ってみましょう。

第一の転機は、一八六二年三月、『六一～六三年草稿』の執筆中、著作そのものをいったん中断して、これまでの経済学の「学説史」に研究の対象を移したなかで生まれました。

マルクスは、これまで多くの経済学者を悩ましてきたプルードンの設問「労働者は彼自身の生産物を買いもどすことはできない」〔＊〕に、科学的な解答を与えるべく、研究を続ける中で、資本主義的生産の全体を生産手段の生産および生活手段の生産の二大部門に分けることに、解決の鍵があることを発見しました。ここに再生産論確立の基礎を築いた大きな一歩がありました（一八六二年、『六一～六三年草稿』のノート第九冊「収入と資本との交換」、『草稿集』⑤三五九～三九一ページ）。

＊　**プルードンの設問**　『資本論』のなかにも、プルードンのこの設問とそれにばかげた解答をしたフランスの俗流経済学者フォルカードとの論争が紹介されています（⑬一四七五～一四七七ページ、〔Ⅲ〕851ページの「注五三」）。

第二の転機は、フランスの重農主義の経済学者ケネーの「経済表」との出会いでした。フランス社会の生産と流通の全体を数本の線で一枚の「経済表」（次ページ掲載）にまとめたケネーの仕事に触れたマルクスは、それを徹底的に研究したうえで、熱烈な感嘆の言葉を書き残しました。

ドクトル・ケネーの経済表

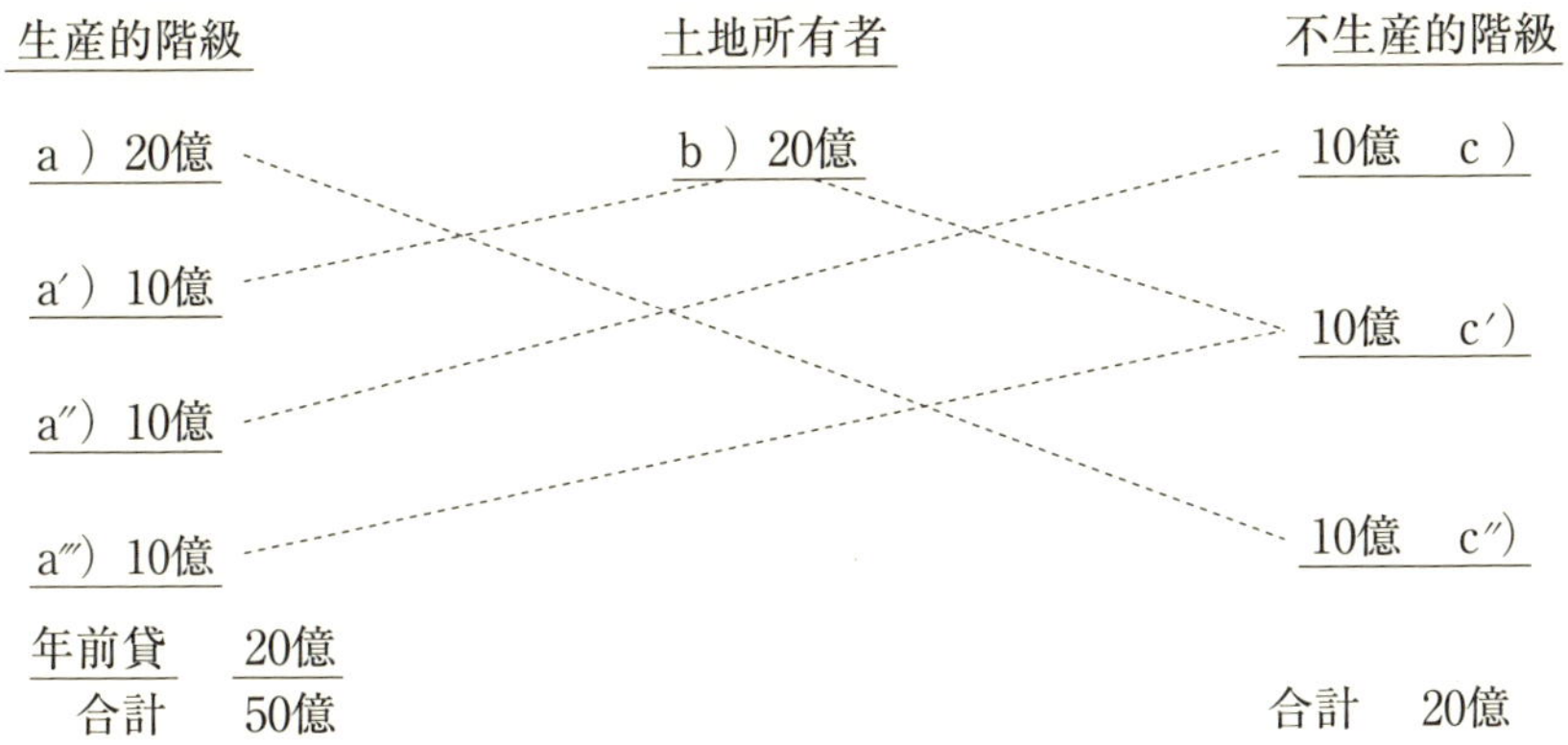

（出所）マルクスからエンゲルスへ 1877年8月8日、全集㉞61ページから。

「こうした試みは、最高の天才的な、疑いもなく最も天才的な着想であったし、今までに経済学がそのおかげをこうむってきた着想であった」（一八六二年、『草稿集』⑤五二五ページ）。

第三の転機は、マルクス自身が、ケネーにならって、単純再生産の場合の「経済表」（次ページ掲載）を独自につくりあげたことです。マルクスは、それを『六一～六三年草稿』の最後に書き込むとともに、エンゲルスにもその成果をさっそく報告しました（マルクスからエンゲルスへ、一八六三年七月六日 全集㉚二八九～二九二ページ）。

第四の転機は、総資本の再生産と流通の表現様式の進歩です。ここで紹介した「経済表」は、単年度の流通関係は表現できても、複数年度には不向きだし、拡大再生産の場合はまったく表現できません。マルクスはそこで、一八六五年前半の第二部第一草稿では、表式抜きの文書だけの説明に切り替えまし

マルクスの経済表

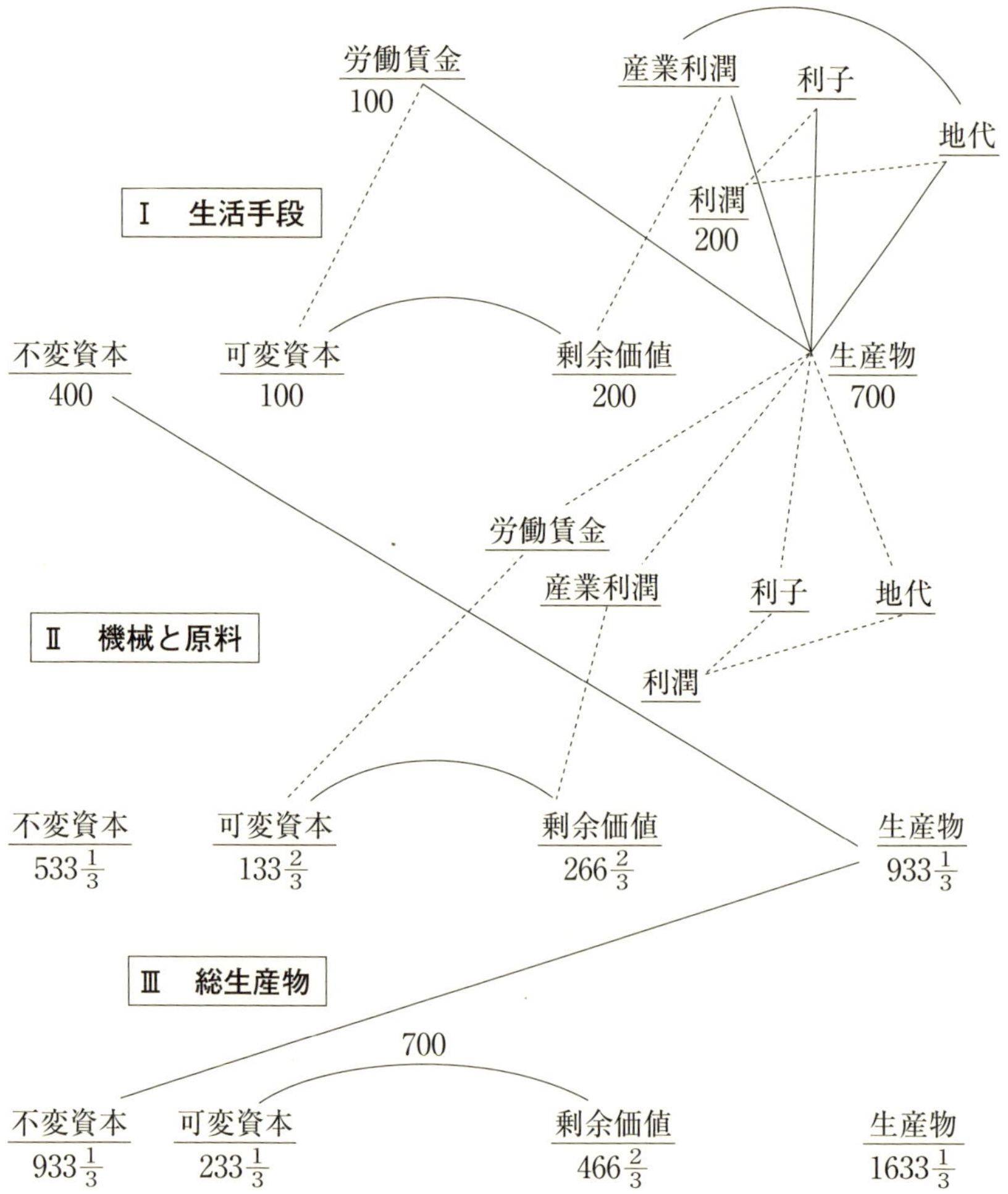

(出所）マルクスからエンゲルスへ　1863年7月6日、全集㉚291ページ。訳書の図表は、不正確な点があるので、マルクスの原図にもどした。

たが、これでは説明があまりにも煩雑になって、全体が見通せるすっきりした表現とはなりませんでした。

その年の後半、第三部の第四篇〜第七篇の執筆の際に、第七篇のなかに再生産論に関する一章を立て（「第四九章　生産過程の分析によせて」）、そこで再生産論をとりあげましたが、ここでは、地代への利潤の分割を取り入れた場合の再生産過程がどう変化するかの吟味が中心で、再生産過程の表現様式の進歩はありませんでした。

二本立ての数式で再生産過程の全容を示す新しい表現様式は、一八八〇〜八一年に、第二部第八草稿で初めて採用したもので、現行第三部は、エンゲルスが第三部編集のさいに、第二部での到達点に立って書き直したものです。こうして、再生産論の仕上げには、最初の「経済表」から数えて、実に一七年もの探究を必要としたのでした。

（7）再生産論の学習へのすすめ

学説史部分はスミス批判が中心

「緒論」に続く「第一九章　対象についての従来の諸叙述」は、いわば再生産論の学説史です。いちばん大事なケネーの「経済表」のことは、「第一節　重農主義者たち」〔⑦五六八～五七三ページ、〔Ⅱ〕359～362ページ〕の前半部分で簡潔にその評価が述べられていますが、その節の後半はすぐA・スミスの批判に移っており、それに本格的なスミス批判の「第二節」〔⑦五七四～六一九ページ、〔Ⅱ〕362～388ページ〕の大論説が続き、最後の「第三節　その後の人たち」〔⑦六一九～六二三ページ、〔Ⅱ〕388～390ページ〕でリカードゥその他がスミスの後継者として軽く批判されるという構成です。

スミス批判は、第三部第七篇でもおこなわれますが、第三部の批判は一八六五年の執筆、第二部のここでの批判は一八八〇～一八八一年の執筆〔「注四〇」〔⑦五九四ページ、〔Ⅱ〕373ページ」だけが第二草稿）ですから、内容がずっと系統だったものになっていると思います。

スミスの誤りは、資本の運動を考えるときに、不変資本の存在を欠落させてしまうというものです。マルクスはここでその見解の全面的な批判を展開するのですから、当然、その論は再生産論の枠組みを大きく越えるものとなっています。本書では、立ち入ったスミス批判の検討は、第三部第七篇のところでおこなうことにしたいと思います。

入獄するアードラーへ。エンゲルスの学習のすすめ

「第二〇章　単純再生産」と「第二一章　蓄積と拡大再生産」がこの篇の本論です。その内容はかなりとっつきにくいもので、その読みにくさは、編集したエンゲルス自身が、率直に語っているところです。

一八九五年三月、オーストリアの党指導者アードラー〔＊1〕が、党機関紙上での政府批判を理由に七週間の禁固刑を言い渡されたことがありました。アードラーは、その収監期間を利用して『資本論』の第二部、第三部を読破する計画を立てたのですが、そのことを聞いたエンゲルスが、アードラーに『資本論』の読み方を伝授する手紙を書いたのです。その中から、第二部第三篇への読み方についての忠告を紹介しておきます。

「君は獄中で『資本論』の第二巻と第三巻を勉強したいと言うのだから、君の労を軽くする

ために少しばかりヒントを書いておこう。……

〔第二部〕第三篇。第一に、資本主義社会における商品と貨幣との総循環についてのまったくすぐれた叙述、これは、重農学派以後、ここではじめて取り扱われるものだ――内容から見ればすぐれているが、形式から見れば恐ろしく難解だ。というのは、(1)二つの違った方法によって書かれた二つの原稿〔＊2〕をつなぎ合わせたものだからであり、(2)原稿第二号〔第八草稿のこと――不破〕は、頭が慢性の不眠症に悩まされていた病気のときに無理やりに書き上げたものだからだ。これは、僕ならば、いちばんおしまいまでとっておいて、第三部の**最初の**通読のあとにするだろう。これは君の仕事のためにもさしあたりは読まなくても用は足りるのだ」（エンゲルスからアードラーへ、一八九五年三月一六日　古典選書『書簡選集・下』二八九～二九〇ページ）。

＊1　**アードラー**、ヴィクトル（一八五二～一九一八）　オーストリアの医師で、オーストリア社会民主党の創立者の一人。当時、ウィーンの「アルヴァイター・ツァイトゥング（労働者新聞）」の編集にあたっていました。

＊2　**二つの違った方法で書かれた原稿**　第二草稿と第八草稿のこと。エンゲルスは二つの原稿の書き方の違いについて、第二部への「序文」で、第八草稿の執筆にとりかかった当時の状況を、次のように説明しています。

「第三篇、社会的資本の再生産と流通は、彼にはどうしても書き直しが必要だと思われた。

というのは、第二草稿では再生産が、まずもって、それを媒介する貨幣流通を顧慮することなしに取り扱われ、次にもう一度、これを顧慮して取り扱われていたからである。このようなことは取りのぞかれ、またこの篇全体が一般に著者の拡大された視野に照応するように書き直されるべきであった。こうしてできあがったのが第八草稿で、これは四つ折り判でわずか七〇ページの一冊である」（⑤一〇～一一ページ、〔Ⅱ〕12ページ）。

エンゲルスは、この二つの草稿を次のように組み合わせて、「第二〇章 単純再生産」を編集したのでした。

第二草稿から。第一、第二節（結びの一段落は第八草稿）、第六～九節、第一三節。

第八草稿から。第三～五節、第一〇～一二節。

再生産論の基本的な内容

再生産論の内容そのものは、複雑なものでも難解なものでもありません。つかむべき基本的内容は、きわめて簡潔なものです。

まず社会の生産全体を、生産手段の生産部門（大部門Ⅰ）と消費手段の生産部門（大部門Ⅱ）に分けます。

そしてその部門の年間の生産物の価値を、不変資本部分（c）、可変資本部分（v）、剰余価値部分（m）にわけてとらえます。

では、この二つの部門が、年々、それぞれの生産物を過不足なしに供給し合って順調に生産活動を進める条件は、どこにあるでしょうか。これを解決するのが、再生産論の基本問題でした。その回答は、Ⅱc＝Ⅰ（v+m）です。この均衡条件が守られれば、両部門とも、順調に同じ規模での生産を継続することができます〔＊〕。

第二節では、以上のことに、数字を当てはめて、つぎの表式を示します。

「概括すれば、年総商品生産物は次のようになる——

Ⅰ　4,000c＋1,000v+1,000m＝6,000　生産諸手段

Ⅱ　2,000c＋　500v+ 500m＝3,000　消費諸手段」

〔⑦六三三ページ、〔Ⅱ〕396ページ〕

均衡条件を調べると、Ⅱc（2,000）＝Ⅰ（v1,000+m1,000）となりますから、生産継続の条件は成立していることがわかります。

以上が、この篇の基本的な内容です。

＊　先ほど、マルクスが再生産論を発展させてきた五つの転機について述べましたが（本巻二一〇〜二一三ページ）、マルクスは、第一の転機のさいに、計算上では、この均衡条件に到達していました。

マルクスは、先の部分で、もう少し立ち入った問題として、消費手段生産部門を、主として労働者階級が消費する「必要消費諸手段」と資本家階級だけが消費する「奢侈《しゃし》的消費諸手段」との二つの中部門に分けた場合に起こる問題（第四節）、長期にわたって消費される固定資本を考慮に入れた場合に起こる問題（第一一節）などの検討もおこないます。しかし、どれも補足的な分析で、再生産論では、いま説明した核心部分をつかむことが、何よりも大事です。

不破自身の経験から。レーニンをまず読んだ

私の場合、この問題にわりあい楽に入れたのは、マルクスよりも先にレーニンを読んでいたからでした。

戦後早々に、『レーニン　市場問題に関する理論』という一五〇ページ余りの小冊子が出たのです。手に入れて読んでみると、冒頭に収録されていたのが「いわゆる市場問題について」というレーニンの若い時代の論稿で、一八九三年、ペテルブルクのマルクス主義者のサークルでのレーニンの発言をまとめたものでした。報告者（クラシン）は別にいたのですが、レーニンは、報告者の誤りを指摘しつつ、マルクスの再生産論の内容を正確に紹介し、マルクスの理論を武器に、ロシアの資本主義的発展の前途を論じたのでした。

レーニンは、この論文のなかで、マルクスの単純再生産論をわずか二、三ページに要約して説明し、さらに拡大再生産に進みます。マルクス自身、拡大再生産論では表式の作成などにかなり苦労したのですが、レーニンはマルクスが到達した結論をきちんとまとめてみせます。しかも、それにとどまらないでマルクスもやらなかったこと、すなわち、技術的進歩の結果、資本構成が年々変化してゆく場合にも再生産の表式が成り立つことまで、やってみせたのです。それだけの内容がわずか二五ページほどに圧縮されて解説されていました〔＊〕。その冊子には、それにくわえてレーニンがシベリア流刑中におこなった論戦「市場の理論に関する問題への覚書」、「再び実現の理論に関する問題によせて」、「ペ・ネジダノフ氏への回答」（いずれも一八九九年発表）が収録されていました。私は、これらを読んで、再生産論の骨子をのみ込み、そこに大きな興味を持つようになった後で、『資本論』第二部を読んだのです。論述は複雑であっても、議論の道筋と結論を分かった上での取り組みでしたから、エンゲルスが言うほどの困難を感じないで読んだことを記憶しています。

＊ **レーニン「いわゆる市場問題について」** レーニンのこの報告は、戦前日本で紹介されたのは前半の部分だけでした。一九三七年、ソ連でレーニンが書いた草稿そのものが見つかったとのことで、日本でも、戦後、後半部分が紹介されました。この後半部分は、現物経済的な地方にそれとならんで生まれた資本主義的生産が、どのようにして現物経済的な地方を自分の市場のなかに取り込んでゆくか、という問題について、レーニンが編み出した独自の市場表式が提起されるな

ど、きわめて独創的な内容をもつものでした。

レーニン夫人のクルプスカヤは、その回想記を、この論文との出会いから描き始めています。

「ウラジーミル・イリイチ［レーニンのこと――不破］は、一八九三年の秋にピーテル［ペテルブルクのこと――不破］にやってきたのだが、しかし私はすぐ彼と知合いになったわけではない。ヴォルガからある非常に学識のあるマルクス主義者が来たことを同志たちから聞いていたが、その後、『市場について』と題する、読み古されてひどくいたんだノート［『いわゆる市場問題について』のこと――不破］が私のところに持ってこられた。このノートには、一方ではわがピーテルのマルクス主義者で技術者のゲルマン・クラシンが、他方ではそのヴォルガから来た人がそれぞれ自分の意見をのべている。ノートは半分に折られていて、その一方の側には、ぞんざいな筆跡で、消したり書き入れたりしながら、ゲ・ベ・クラシンが自分の思想をのべ、反対側には、新しくやってきた人が消したりしないで、ていねいに、自分の評注と反論を書いていた。

当時われわれ若いマルクス主義者は、みな市場問題に大きな関心をもっていた。

ピーテルのマルクス主義サークルのあいだでは、そのころすでに特殊な一派が固まりかけていた。この一派の代表者たちは、社会の発展過程をなにかしら機械的な、図式的なものに考えていた。……もちろん、今日のマルクス主義者ならだれでも、この『機械論的』見解を論破することができるだろう。しかし、当時われわれピーテルのマルクス主義サークルは、この点にかんしてしっかりした考えをまったくもっていなかった。……

それから三〇年以上が過ぎた。

問題のノートは、残念なことに残っていない。

私はただそれがわれわれにあたえた印象を話すことができるだけだ。

新しくやってきたマルクス主義者は、市場問題をきわめて具体的に提起し、大衆の利害と結びつけた。全体として彼の問題のあつかい方に、現象を具体的な情勢と発展においてとらえる生きたマルクス主義が感じられた。

私はこの新来の人と近づきになり、彼の意見をもっとよく知りたくなった」（『レーニンの思い出』［初版一九三二～三三年］邦訳・大月書店、一九七〇年、七～八ページ）。

私が読んだ論集は、戦後、国民文庫版でレーニン『いわゆる市場問題について』（一九五三年）として公刊され、そこには一八九三年の報告も全文が収められました。

レーニンのこの論文の内容とそれをめぐる事情の詳細は、不破『レーニンと「資本論」』①市場理論とロシア資本主義』（一九九八年、新日本出版社）の「第二章　市場問題と『資本論』第二部」（九八～一七三ページ）を参照してください。

「還流問題」の独自の検討は必要な作業だったか

ここで、第三篇を読みづらいものとしている一つの問題、貨幣の「還流問題」について検討しておきたい、と思います。

マルクスは、還流問題を再生産論の基本にかかわる問題として非常に重視し、いったんほぼ書きあがっていた第二草稿を、還流問題の扱いの問題点を自覚して、一〇年後に書き替える（第八草稿）ことまでしました（この問題は、先ほど〈本巻二一六～二一七ページ〉エンゲルスの「序文」での解説を紹介しました）。現在の第二〇章の構成でも、マルクスは、「第五節　貨幣流通による諸変換の媒介」という独自の節を立てただけではなく、その他の節でも、部門間の変換が問題になるたびに、それを裏付ける貨幣の流通がおこなわれていることの確認を必ずしています。

はたして、そういう確認作業の必要があったのか。それは、読者を、いやそれ以上に筆者であるマルクスを疲労させるだけの作業ではなかったのか。これが、率直に言って、この部分を読むたびに、私が強く感じる実感です。

私がそう考える根拠は、簡単なことです。再生産表式に表現されているどの変換も、ただの商品の場所変えではありません。それは、双方の側での商品の販売です。ですから、その変換には、同時に、双方の側への貨幣の還流が同時並行で進行しています。大部門Ⅱの資本家が、可変資本（ｖ）一〇〇〇に対応して大部門Ⅰの生産手段（ｃ）一〇〇〇を買う場合は、中間に賃金一〇〇〇を労働者の賃金に支払ったという経過がありますから、迂回《うかい》路の問題が出てきますが、大部門Ⅱの資本家は、支払った一〇〇〇ｖに対応する価値分の生産物をすでに手にしているのですから、ここでもその迂回路をいちいち検証する必要はないのです。

私は一五年前に日本共産党の本部でおこなった代々木『資本論』ゼミナールで、この部分の講義をした時、〝「貨幣の還流」のややこしい話が出てきたら、「潔く飛ばすべし」〟と話して、爆笑のうちに歓迎された記憶があります（『「資本論」全三部を読む』⑤七七ページ）。その気持ちは、いまも変わりません。

なぜマルクスが、還流問題にそれほどこだわるのか。私は、その動機は最初にケネーの「経済表」に接した時のマルクスの感慨にあったのではないか、と考えています。

ケネーの場合は、「経済表」の当事者間の関係は、商品交換だけの関係ではありませんでした。そこでは、土地所有者（地主階級）、生産的階級＝借地農業者（資本家階級）、不生産階級（労働者階級）が登場しました。そして、地主階級は土地を資本家に貸すことで地代を手に入れるが、自分では何物も生産しないのです。ですから、地主階級と資本家階級との関係は商品交換の関係ではなく、地代分の貨幣が一方的に流れるだけという関係でした。

マルクスは、この「経済表」を目にした時、最初から最後まで、貨幣の還流を独自の問題として重視し、そのことを含めて「経済表」が三つの階級の相互関係をみごとに表現していることに、感嘆の声をあげたのでした（『草稿集』⑤四七五～五二六ページ）。

その経験が、マルクスに、資本主義的生産様式のもとでの再生産表式についても、貨幣の還流関係を立証する作業を重視させた大きな理由があったのではないでしょうか〔＊〕。

＊　**ケネー「経済表」についてのマルクスの手紙**　マルクスは、第八草稿にとりかかる三年前の一八七七年八月、ケネーの「経済表」をエンゲルスに紹介し、その解説を書き送っていましたが、そこで最も力を入れて説明したのは、「農業者」（資本家）や「不生産階級」（労働者）の原前貸が、彼らと「地主」を含む三者の交換関係を通じて、貨幣としてどのように還流してくるかの流れでした（マルクスからエンゲルスへ、一八七七年八月八日　全集㉞六〇～六二ページ）。

しかし、資本主義的生産のもとでの再生産過程の諸関係は、すべてが商品交換の関係から成り立っているという点で、ケネーの「経済表」が映し出した三階級の関係とは、決定的に違っています。そのことを確認して、私は、〝「貨幣の還流」のややこしい話が出てきたら、「潔く飛ばすべし」〟という言葉を、もう一度くりかえしたいと思います。

（8）拡大再生産論。マルクスの苦闘とエンゲルスの誤解

この章の難しさには二つの理由があった

これから「第二一章　蓄積と拡大再生産」に入ります。おどかすわけではありませんが、ここはおそらく、全三部のなかでもっとも理解の難しいところです。

それには理由があります。

第一は、マルクスは、拡大再生産では問題解決の方法をなかなか見いだせず、試行錯誤をくりかえしたのですが、草稿でのその経過がそのまま本論として扱われ、本文に再現されていることです。

この章は、一八八〇〜八一年、第二部第八草稿のなかで執筆したものです。いま見てきたように、単純再生産の問題は、この時点で、表式の設定を含めほぼ完全な解決に到達していました。

しかし、拡大再生産の問題は、これまで手を付けたことのない新しい領域でした。

私はそこには、〝単純再生産の難問を解決した以上、拡大再生産論はその応用問題のようなもので、特別な困難はないだろう〟と考える楽観論があったのではないか、と見ています。たとえば、第八草稿そのもののなかでも、例のスミス批判の文章（第三篇第一九章）のなかで、「主要な困難……は、蓄積［拡大再生産のこと――不破］の考察のさいにではなく、単純再生産の考察のさいに現われる」と書いたりしていました（⑦五八六ページ、［Ｉ］３６９ページ）。

ところがいざ取り組んでみると、そこには予想もしなかった難関がたちふさがっていたのでした。この部分を読む上での困難をつくり出しているもう一つの理由は、エンゲルスが、草稿の文章が試行錯誤の過程を表現していることに気づかず、順を追っての思考過程だと思い込んで、内容にそぐわない節の区切りや見出し付け、時にはエンゲルス流の解説までくわえて、マルクスの文章をいちだんと筋道のたたないものにしてしまったことです。

これから、この章の解読にはいりますが、まずはじめに、エンゲルスがつけた中見出しを取り外してください。率直に言って、これらは、マルクスの文章を読み解く障害になるだけですから。必要な区切り目は、これからの説明のなかで示すことにします。

第一回目の挑戦。単純再生産の表式を出発点におく

マルクスの最初の挑戦の経過は、この章の冒頭から、エンゲルスが「第二節　大部門Ⅱにおけ

る蓄積」とした節の前半、縦線で区切っている部分まで〔⑦七九一ページから八一五ページ、〔Ⅱ〕485~499ページ〕に記録されています。

単純再生産の場合には、資本家は剰余価値の全体を自分で消費してしまい、同じ規模で生産を続けるという再生産の形態です。拡大再生産の場合には、それと違って、剰余価値の一部を追加資本として投下し、生産規模を拡大します。

そこで、マルクスは、単純再生産の表式を出発点において、そこで「剰余価値の資本化」がおこなわれたらどうなるかの考察から、問題の追究を始めることにしたのです。単純再生産の表式の手直しで、拡大再生産の表式に到達できないか、という考えでした。

しかし、追加資本の投下は、一資本だけの意志で可能になるものではありません。資本Aが剰余価値の一部を資本に回すことに決めたとすると、一方では、剰余価値のその部分で購買するはずだった消費手段がそれだけ販売先を失うことになり、他方では、生産手段生産部門では、新たな資本化のために必要になる生産手段をそれだけ余計に生産しておかなければならなくなります。消費手段の販売先の喪失と生産手段の生産不足を、対応する生産部門で解決しようとすると、そこでまた同じ問題が出てきます。

マルクスは、問題解決のために、剰余価値の資本化を追究する資本A、A′……、剰余価値をもっぱら消費と蓄蔵に回す資本B、B′……に分けて、考察を広げますが、どこまで考察の網の目を広げても、答えは出てきません。結局、マルクスはこの方向での問題解決をあきらめて、発想を変えて次の挑戦に向かいます。

第二回目の挑戦。単純再生産の均衡条件を起点に

次の挑戦は、エンゲルス編集の「第二節」の後半、縦線の区切り以後の部分（⑦八一五ページ後ろの四行から八一九ページ五行目、〔Ⅱ〕499ページ〜501ページまで）で、ここでマルクスが出発点に置いたのは、単純再生産の均衡条件 Ⅱc＝Ⅰ(v+m) でした。ここを足掛かりにして、拡大再生産の表式にたどり着けないか、と考えたのです。やはり、前回と同じく、単純再生産の表式の手直し方式でしたが、均衡条件に目を付けたのは、重要な着眼でした。最終的には、拡大再生産の場合の均衡条件をどう規定するかが、問題解決のカギとなったからです。

しかし、二回目の挑戦も、結果は前回と同じでした。いくら手直しの角度を変えても、単純再生産の表式の延長線という枠のもとでは、どうしても乗り越えられない壁にぶつかるのです。マルクスは、ここには、単純再生産の考察の場合にはぶつからなかった特別の「困難」、拡大再生産にのみ起因する「特殊な一現象」があるという文章で、この挑戦を締めくくりました（⑦八一九ページ、〔Ⅱ〕501ページ）。

第三回目の挑戦。解決への道に踏み出したが予想外のつまずき

次の挑戦は、エンゲルスが「表式による叙述」と表題をつけた部分の前半（⑦八一九〜八二六ページ、〔Ⅱ〕５０１〜５０５ページ「第一例」の見出しの前まで）での探究です。ただし、その最後の部分、「結びつくことはありうること、」以下の数行は別とします（その理由は後で説明）。

マルクスは、ここで、単純再生産の表式に頼るやり方と手を切り、最初から、拡大再生産の諸条件を考慮に入れた表式を工夫し、そこから出発することにしました。

それは、次の表式です。

表式ａ）

$$\left.\begin{array}{ll} \text{I} & 4{,}000c + 1{,}000v + 1{,}000m = 6{,}000 \\ \text{II} & 1{,}500c + \ \ 376v + \ \ 376m = 2{,}252 \end{array}\right\} \text{合計} = 8{,}252$$

（⑦八一九ページ、〔Ⅱ〕５０１ページ）

ここでは、Ⅰ部門の資本家が1,000mの半分の500mを資本化しても、Ⅱの1,500cとの交換で過不足なく両部門の交換が成立するような設定がおこなわれています。

マルクスはここから出発して、次の年度への移行を論じようとして、次のように述べます。

「さて、表式ａを立ち入って分析してみよう。ⅠでもⅡでも剰余価値の半分は、収入として支出されないで蓄積される、すなわち追加資本の要素に転化されると想定しよう」（⑦八二一

ページ、〔Ⅱ〕502ページ）。

実は、せっかく拡大再生産の表式をつくったものの、マルクスは、ここで大きな誤りをおかしていました。

一つは、部門Ⅰでも部門Ⅱでも、剰余価値の半分が追加資本として蓄積されるとして、二つの条件を同時に設定してしまったことです。ここでは、次年度以後の表式計算をやらなかったので表面化しませんでしたが、拡大再生産の場合には、Ⅰ部門のｍの資本化率を決定すれば、Ⅱ部門のｍの資本化率はおのずから決まってくる、という相互関係があります。双方とも、資本化率五〇％ということで計算していたら、拡大再生産の表式は第二年度で早くも矛盾にぶつかったことでしょう。

もう一つは、表式ａでの部門Ⅰと部門Ⅱとの数量関係が、拡大再生産の継続が可能なようには設定されていなかったことです。部門Ⅱの剰余価値の半分を蓄積するという構想を取りやめたとしても、この表式は、数年で継続不能の状態に落ち込んでいたでしょう。

しかし、マルクスは、そこまで話を進めず、第一年度の表式に、あれこれの問題を見つけだして、議論の空転をはじめました。部門Ⅰで資本化される500Ⅰmや部門Ⅱで資本化される188Ⅱmの行方が大問題だとして、きりきり舞いするのです。これは、率直に言って、問題のないところに無理に問題をつくり出すといった式の話でしたが、この時点では、それが解決のつかない重大問題に見えたのでした。

マルクスはそこからぬけだそうとして、あれこれの奇策や邪道にまで考えをめぐらせたようで、その様子はあちこちにちりばめられた溜息まじりの言葉からもうかがわれます。

「しかし待て！　ここにはなにかちょっとした儲け口はないか?」（⑦八二三ページ、〔Ⅱ〕503ページ）、「突然、仮定をすり替えてはならない」（⑦八二四ページ、〔Ⅱ〕504ページ）、資本主義機構に固着している「汚点」を「理論的諸困難をかたづけるための逃げ道として利用してはならない」（⑦八二五ページ、〔Ⅱ〕同前）。

マルクスは、ついに、考察の途中で筆を投げたようで、第三回目の挑戦は、「Ⅱの資本家たちの一部のあいだにおける追加貨幣資本の形成が、他の一部の明確な貨幣喪失と結びつく……」と書いたところで、ぷつんと途切れています（⑦八二六ページ、〔Ⅱ〕505ページ、『新メガ』により補正〔*〕）。こういうことも、マルクスの草稿では、珍しいことでした。

＊　**エンゲルスの補筆**　現行『資本論』では第三回目の末尾の「明確な貨幣喪失……」以下を多少言い換えたうえで、新たな結び的な文章を付けくわえています。

「Ⅱの資本家たちの一部のあいだにおける追加貨幣資本の形成が、他の一部の明確な貨幣喪失と結びつくこともありうること、こうしたことは事態にはなんの関係もないであろう。Ⅱの資本家たちのうちのだまされた人々がまえよりいくらか派手でない暮らしをしなければならなくなるであろうが、ただそれだけのことであろう。

もう一つの方法は、Ⅱmのうち必要生活諸手段として現われる部分が、大部門Ⅱの内部で直接に新たな可変資本に転化されることである。これがどのようにして行なわれるかについては、本章の終わり（第四節）で研究されるであろう」（⑦八二六ページ、〔Ⅱ〕５０５ページ）。

これは、マルクスの文章ではなく、エンゲルスの補筆です。エンゲルスの意図はともかくとして、結果的には、マルクスの四回目の挑戦が三回目の挑戦の理論的続編であるかのように説明した無用の補筆となっています。

第四回目の挑戦。ついに拡大再生産の表式化に成功

マルクスが三回目の挑戦のあと、第四回目の挑戦に踏み出すまでには、これまでの繰り返しの失敗を総括しながら、草稿の執筆を離れて熟考した時間がかなりあったような気がします。

『資本論』の本文でも、第四回目の挑戦では、これまでの悩みから、もはやまったく解き放たれた感じで、マルクスが到達した拡大再生産の表式が、「拡大された規模での再生産のための出発表式」と名付けられ、単純再生産の表式と並んで、さっそうと姿を現わしています。

「拡大された規模での再生産のための出発表式

Ⅰ　4,000c + 1,000v + 1,000m = 6,000
Ⅱ　1,500c + 750v + 750m = 3,000
｝合計9,000

」（⑦八二七ページ、〔Ⅱ〕同前）。

ここでは、部門Ⅰと部門Ⅱの資本構成の違いもきちんと考慮され、その点でも成熟した表式となっています。

『資本論』の本文では、その前に「1　第一例」という見出しがありますが、これはエンゲルスが付けたもので、マルクスが書いたものではありません。第八草稿そのものを見ると、横線を引いて前の文章（第三回目の挑戦の最後の文章）との区切りを明示しているだけで、前書き的な説明は一切ないのです。

マルクスは、そこから第二年目、第三年目と表式計算を続けてゆきます。草稿を見ると、途中で計算違いをしたり、思わぬ結果が出て戸惑ったりする場面も見られますが、マルクスが拡大再生産表式を描き出す方法論を会得したことが、よくわかります（これらの部分はエンゲルスの編集ではカットされています）。

そしてその中で、マルクスは、拡大再生産の順調な進行のために必要な均衡条件を明らかにすることにも成功しました。

その均衡条件とは、部門Ⅰと部門Ⅱとのあいだに、

Ⅰ（v+m）＞Ⅱc

という関係がなりたつことです。

この発見は、マルクスを大いに喜ばせたようで、その条件の重要性を、短い文章のなかで言い方を換えながら四回もくりかえしたほどでした。

「蓄積を前提すれば、Ⅰ（v+m）はⅡcよりも大きく、単純再生産でのようにⅡcと等しくないことは、自明である」（⑦八三六ページ、〔Ⅱ〕510ページ）。

「Ⅰ（v+m）がⅡcに等しいという単純再生産の前提は、資本主義的生産と両立しない」（⑦八四六ページ、〔Ⅱ〕515ページ）。

「資本主義的蓄積という事実は、Ⅱcがエ（v+m）に等しいことを排除する」（⑦八四六～八四七ページ、〔Ⅱ〕516ページ）。

「資本主義的生産の場合には、Ⅰ（v+m）がⅡcに等しくはありえず、言い換えれば、両者が転換において相互につり合うことはありえない」（⑦八四七ページ、〔Ⅱ〕同前）。

こうして、拡大再生産の表式とその成立条件をめぐるマルクスの探究はみごとな成果を得て終わったのでした〔＊〕。

＊　**第八草稿の原文について**　第八草稿の「蓄積と拡大再生産」、なかでも成功した第四回目の挑戦の部分は、最後的には成功したものの、マルクスの苦闘が最も激しかった箇所の一つで、最初の表式（エンゲルスが「第一例」と名付けたもの）を描き出した後も、マルクスは幾度も迷路にはいり込み、そこから抜け出すのに苦労したものでした。その様子は、不破『マルクスと「資本論」③』（二〇〇三年）の「〔補論〕マルクスの第八草稿を読んで」（二〇五～二一〇ページ）で、かなり詳しく紹介しましたので、興味のある方は目を通していただきたいと思います。

(9) 資本主義的生産の前途をめぐって

再生産論と恐慌の可能性

こうしてマルクスは、単純再生産に続いて、拡大再生産の問題でも、資本主義的生産のもとで順調な進行が可能であることの証明に成功しました。これは、資本主義的生産のもとでは生産物の実現は困難だとする俗論――例えば、プルードンの「労働者は彼自身の生産物を買いもどすことができない」など――に痛撃を与えるものでした。しかし、マルクスが証明したのは、資本主義的生産のもとでは再生産の継続が「可能」だということであって、継続的発展の必然性を証明したものではありません。マルクスが、単純再生産の場合にも、拡大再生産の場合にも、一定の均衡条件が必要であることを明らかにしたことは、その条件が失われたときには「社会的総資本の再生産と流通」に破綻《はたん》が生じうることを、具体的に示したことにほかなりません。

この点では、マルクスが拡大再生産の理論の探究を始めた時期、はっきり言って、一八八〇年から八一年という、これから第一回の挑戦に向かおうという模索の時期に、再生産論が何を明らかにするのか、という根本問題について述べた次の言葉は、まさに問題の本質をついたものだと言えるでしょう。

「商品生産が資本主義的生産の一般的形態であるという事実は、貨幣が資本主義的生産において単に流通手段としてばかりでなく、貨幣資本としても演じる役割をすでに含んでいるのであり、また、この生産様式に固有な、正常な転換の一定の諸条件を、したがって再生産――単純な規模でのであれ拡大された規模でのであれ――の正常な進行の諸条件を生み出すのであるが、これらの諸条件はそれと同じ数の異常な進行の諸条件に、すなわち恐慌の可能性に急転する。というのは、均衡は――この生産の自然発生的な姿態のもとでは――それ自身一つの偶然だからである」（⑦八〇一ページ、〔Ⅱ〕490～491ページ）。

三〇年後のエピソード。ローザ対レーニン

この問題では、エンゲルスが第二部を刊行してから三〇年近くたって、予想外の波紋が広がりました。ドイツの著名なマルクス主義者ローザ・ルクセンブルク〔＊〕が、その著作『資本蓄積論』（一九一三年）のなかで、マルクスの再生産論には根本的な間違いがあるとして、痛烈なマルクス批判を展開したのです。

＊　**ローザ・ルクセンブルク**（一八七〇〜一九一九）ドイツ社会民主党左派の女性幹部。ポーランド生まれで、ロシア社会民主党の党員でもありました。一九一九年一月一五日、ドイツ共産党創立の直後に、ドイツ革命のさなかに反革命派に殺害されました。

レーニンは、一九二二年に書いた「政論家の覚書」という文章のなかで、政治と理論のうえで彼女が犯した誤りもふりかえった上で、次の追悼の言葉を述べました。

「鷲《わし》は牝鶏《めんどり》よりひくくおりることもあるが、しかし牝鶏はけっして鷲のようには飛びあがれない、ということである。……そうした自分の誤りにもかかわらず、彼女はやはり鷲であったし、いまでも鷲である」（全集㉝二〇八ページ）。

彼女のマルクス批判は、多岐にわたるものですが、最大の中心点は、次の諸点にまとめることができると思います。

第一は、マルクスが、資本主義的生産の下で、何の目的で生産の拡大が追求されるのか、その根本問題の答えをどこにも出さないまま、拡大再生産を論じている、という批判です。

彼女は、マルクスが、『資本論』で資本を分析する第一歩から、剰余価値の生産とその拡大が、資本をかり立てる唯一の推進的動機、規定的目的であることをくりかえし指摘し、強調してきたことを、読まなかったのでしょうか。そして、このことが、とくに機械制大工業の段階では、「生産のための生産」が至高の合言葉になるとくりかえしたことも、目に入らなかったのでしょうか。

第二。ローザは、マルクスの拡大再生産表式には、根本的な欠陥がある、それは技術的進歩を考慮にいれていないことで、この要素を取り入れたら、拡大再生産は継続しえないことが証明される、と主張しました。彼女は、自分でその条件のもとでの表式を第一年度から第四年度まで作って見せ、その結論をこう書きました。

「蓄積がかような仕方で進行するとすれば、第二年度には16だけ、第三年度には45だけ、第四年度には88だけ、生産手段の不足が生じ、同時に、第二年度には16だけ、第三年度には45だけ、第四年度には88だけ、消費手段の過剰が生ずるであろう」（『資本蓄積論』青木文庫版・下三九四ページ）。

これは彼女が自分が作った表式の正確さを過信した批判でした〔＊〕。確かにマルクスは、技術的進歩を取り入れた表式を示しませんでした。しかし、それは再生産論が技術的進歩と両立しえないことの証明にはなりません。現に、若きレーニンが、ローザがこの批判をした二〇年も前に、再生産論を取り上げた最初の論文で、生産力が年々発達する条件のもとでの拡大再生産の表式をつくりあげ、その計算法まで書き添えたことは、すでに本書で紹介したところです（本巻二一九～二二〇ページ）。

＊　**レーニンの評注**　レーニンは、ローザのこの本を読んだ時、「例は『計算があわない』」と書いて、この批判を一蹴しています（『レーニン　経済学評注』一九七四年、大月書店、一一七ペー

ジ)。

第三に、ローザは、その誤った批判を根拠に、マルクスの再生産論がこういう矛盾に陥ったのは、彼が、資本家と労働者階級だけからなる社会を想定しているからだという結論をだします。

「資本化されるべき剰余価値、および、資本制的生産物分量中のこれに照応する部分は、資本制的領域の内部ではとうてい実現されえず、無条件的に資本制的領域の外部で・非資本制的な生産を行う社会層および社会形態において・その買手を求めねばならぬ〔*〕」(同前四二二ページ)。

*** レーニンの評注**　レーニンは、この箇所について、「剰余価値の資本主義的実現の不可能性!!」という評注を書きつけました(前掲書一二六ページ)。

ローザが引き出した最後の結論は、資本主義の「必然的没落」論をひきだすことでした。資本主義は、自分の領域の内部では蓄積をなし得ず、蓄積の進行のためには、外部の非資本主義的領域(国内および国外で)を必要とする、そのためにすべての非資本主義的形態を駆逐して「世界形態」になろうとするが、それは「内部的不可能性」をもった課題であり、その矛盾のうちに、資本主義の没落と社会主義への交代の世界的必然性がある、という論立てです。

ローザは、『資本蓄積論』の末尾を、その結論で結びました。

「資本主義は、普及力をもった最初の経済形態であり、世界に拡がって他のすべての経済形態を駆逐する傾向をもった、他の経済形態の併存を許さない、一形態である。だが同時にそれは、独りでは・その環境およびその培養土としての他の経済形態なしには・実存しえない最初の形態である。すなわちそれは、世界形態たろうとする傾向をもつと同時に、その内部的不可能性のゆえに生産の世界形態たりえない最初の形態である。それは、それ自身において一個の生きた歴史的矛盾であり、その蓄積運動は、矛盾の表現であり、矛盾のたえざる解決であると同時に強大化である。ある特定の発展高度に達すれば、この矛盾は、社会主義の原理の充用によるほかには解決されえない〔＊〕」（同前五六八～五六九ページ）。

＊ レーニンの評注 レーニンはこれについて次の評注を書きつけました。

「資本主義は『**普及力**（太字はレーニン）をもつ最初の経済形態である』!!! ??? ――そして『他の経済形態なしに単独では存在しえない最初のものである』」（前掲書一三八～一三九ページ）。

ローザは、論文のなかでは「国際的労働者階級の反乱」の必然性などに言及しますが、ここで展開されたのは、資本主義の典型的な自動崩壊論でした。

レーニンは、ローザのこの著作を読んで、その内容にたいへん驚き、一九一三年三月、新聞『ソツィアル・デモクラート（社会民主主義者）』編集局へ手紙を書いて、党が出している合法雑誌『プロスヴェシチェーニエ（啓蒙）』に批判論文を書くつもりだと伝えました。

「ローザの新著『資本蓄積論』を読んだ。大まちがいをやっている！　マルクスを誤り伝えている。パンネクック〔＊1〕も、エクシュタイン〔＊2〕も、O・バウアー〔＊3〕も、一致して彼女を非難し〔＊4〕、私が一八九九年にナロードニキにたいしていったこと〔＊5〕と同じことを彼女にむかって言った。『プロスヴェシチェーニエ』第四号にローザのことを書くつもりでいる」（全集㉟八六ページ）。

＊1　**パンネクック**、アントン　オランダの社会党員で、自分が編集していた「ブレーメン市民新聞」にローザの著書についての書評を執筆。

＊2　**エクシュタイン**　ドイツ社会民主党の機関誌『フォルヴェルツ（前進）』にローザ批判の論文を掲載。

＊3　**バウアー**、オットー（一八八二〜一九三八）オーストリア社会民主党および第二インタナショナルの指導者の一人。『ノイエ・ツァイト（新時代）』一九一三年第一巻に『資本蓄積論』の書評を掲載。

＊4　なお、レーニンは、ロシアのグラナート百科辞典のために書いた論文「カール・マルクス」の「文献」の項で、「マルクスの資本蓄積論の問題については、ローザ・ルクセンブルクの新著『資本蓄積論』（ベルリン、一九一三年）がある」とし、続けて「マルクスの理論にたいする彼女の誤った解釈を検討したものとしては」として、この手紙で挙げた三つの論文と書評をすべて紹

介しています（古典選書『マルクス主義の三つの源泉と三つの構成部分／カール・マルクスほか』九八ページ）。

＊5 一八九九年のナロードニキ批判 レーニンの著作『ロシアにおける資本主義の発達』のこと。

レーニンは結局、ローザ批判は書きませんでした。しかし、レーニンの死後のことですが、レーニンが『資本蓄積論』を読んで書いた「評注」が発見されました。見つかった「評注」は、「2つ折にしたあまり大きくない2枚の紙」に記されていたとのことですが、ローザの著書と照合すると、大きな部分が抜けているので、発見されたもののほかに、評注を書いた紙が少なくとも二枚かそれ以上あったのではないかと推測されています（「編集者序文」から）。これは、『レーニン遺稿集』第二二巻（一九三三年）で発表され、日本では、一九七四年、ブハーリン『過渡期の経済』（一九二〇年）への評注と合わせて、『レーニン　経済学評注』（大月書店）として公刊されました。さきほどからローザの論にたいする「レーニンの評注」として注記したものは、こういう経過で、二人の死後に明らかにされたものです。

レーニンのローザ批判のより詳しい内容は、不破『レーニンと「資本論」① 市場理論とロシア資本主義』（一九九八年）の「第四章　実現論争・後日談――ローザ『資本蓄積論』」（二五五～三一二ページ）を参照していただければ、と思います。

（10）書かれなかった恐慌論の内容を推理する

第八草稿以後のマルクス

マルクスは一八八〇〜一八八一年に第二部第八草稿の終わりまで書きましたが、この頃からマルクスの健康状態は最悪の時期にはいってゆきます。そのために、『資本論』第二部、第三部の完成の仕事は、第二部第八草稿の執筆をもって終わることになったのでした。

マルクスの妻のイェニーはその数年前から病気に悩まされるようになり、一八八〇年にはそれが肝臓癌で、不治の状態だとわかりました。一八八一年夏、二人は、長女ジェニーに会うためにフランス旅行に出ましたが、長女と孫との喜びの会合ではあったものの、イェニーは死ぬほど疲れてロンドンに帰ったとのことです。

続いて、マルクス自身も肺炎で寝込みますが、その間、妻イェニーの病は進行し、一二月二日、死を迎えました。しかし、マルクスは、医師の指示で、ハイゲート墓地でおこなわれたイェニーの葬儀に出席できませんでした。

その後、マルクスは、医師の勧めで、健康回復によいとされるヨーロッパの保養地を転々としますが、いっこうに病状は回復せず、一八八三年一月にロンドンに帰ります。そして、三月一四日、その住居を訪ねたエンゲルスが、椅子に座ったまま死んでいるマルクスを発見したのでした。

マルクスは、保養先からエンゲルスに、「僕はもう一度活動能力をもてるようになることを願っている」と書き送ったこともありましたが（一八八二年一月五日　全集㉟二五ページ）、その願いはついに叶えられなかったのです。

しかし、マルクスの頭脳は、病気のなかでも、その活動をやめませんでした。重病との闘争が始まった一八八一年一〇月から八二年末までのあいだに、彼はすくなくない遺稿を残しました。たとえば、その一つに、一八八一年末ごろ～八二年末に一年がかりでおこなった世界史研究があります。これは、紀元前一世紀から一七世紀までのヨーロッパ史の諸事件を批判的に概観し「年表抜粋」としてまとめる大作業の産物でした。この『年表抜粋』は、ソ連で、一九三八～四六年に『マルクス＝エンゲルス・アルヒーフ』の第五～八巻としてロシア語版で発表されましたが、四巻全体で一四〇〇ページを超える膨大な労作でした〔＊〕。

＊　『年表抜粋』は中国語訳も出ています。『カール・マルクス　歴史学筆記』（一九九二年、中国人民大学出版社、九七一ページ）で、私は、二〇〇七年の訪中のとき、二〇〇四年刊の第二版を

入手しました。

恐慌問題の「理論的叙述」

ここで、第二部にもどりましょう。第二部の執筆は、こういう状況のもと、拡大再生産論の表式的な成功を確認したところで終わったわけで、マルクスにとっては、この表式をもとに論じたいことがまだ多くあったのだと思いますが、それは果たされませんでした。

マルクスはまた、本巻一八一～一八二ページで紹介した恐慌問題の「覚え書き」（第二部第二草稿）のなかで、恐慌問題の本格的展開は、第二部第三篇に属することを予告していましたが、この予告も果たされないままに終わりました。

しかし、恐慌の問題は資本主義的生産を研究する上で、避けることのできない大問題です。第二部でのいまあげた覚え書きだけでなく、マルクスは、公刊された第一部のなかでも、本巻一〇二～一〇四ページで紹介したように恐慌の問題が出てきたときに、ここは「理論的叙述」と「純事実的諸関係」とを区別して、前者はまだ先の問題だから、ここでは後者に限るのだと説明していました。つまり、マルクスの構想では、第一部の先に、恐慌問題の「理論的叙述」を集中的におこなう場所があることを、当然のこととして予定していたわけで、それを第二部第三篇の最後の部分と指定したのが、「覚え書き」の趣旨だったと考えても、マルクスの意図の読み違いとはならないでしょう。

当然、そこでは、恐慌論にかかわる基本的な諸点を包括的に含む「理論的叙述」が予定されていたと思います。

これまでに何度か触れてきたように、恐慌論を系統だって問題にするときには、少なくとも、次の三つの問題が欠かせない要素になると考えています。ここで、残されたマルクスの論述をもとに、それぞれの問題のより立ち入った検討を試みたいと思います。

（1）恐慌の可能性

第一は、恐慌の可能性の問題です。マルクスは、『資本論』冒頭の「商品と貨幣」のところで、商品経済そのもののなかに恐慌の可能性があることを示しました。

そしてこの可能性と現実性との間には、「単純な商品流通の立場からはまだまったく実存しない諸関係」が必要となる、と指摘しました（①一九三ページ、〔Ⅰ〕128ページ、本巻六九ページ）。広い意味で言えば、その後研究してきた資本主義的生産の諸関係のなかに、さまざまな形で、恐慌の可能性の萌芽的な形態やより発展した形態などがあるはずです。

ただその諸形態のなかでも、資本主義の社会的総体を視野に入れてその再生産と流通を研究する過程で浮かび上がってきた可能性――マルクスが「再生産……の正常な進行の諸条件」は「それと同じ数の異常な進行の諸条件に、すなわち恐慌の可能性に急転する」（⑦八〇一ページ、〔Ⅱ〕

491ページ）と指摘した点（本巻二三七ページで紹介）に、恐慌の可能性のもっとも重視すべき形態があることは、間違いないところだと思います。

（2）恐慌の根拠

第二は、恐慌の根拠という問題です。資本主義以前の経済は、恐慌という現象を知りませんでした。商品経済が始まっても、資本主義経済が一定の発展段階に達するまでは、経済の一部に特別の原因（農業飢饉など）が生まれて部分的な混乱が起きることはあっても、経済の全体に影響を及ぼすような恐慌は起きませんでした。

マルクスは、その問題に、最初から明確な回答を与えてきました。その原因は、資本主義が、剰余価値の取得と拡大を唯一の推進的動機、規定的目的とする生産体制だというところにあります。資本は、一方ではより多くの剰余価値を求めて、「生産のための生産」の軌道を走り、あらゆる手段を駆使して労働者からより多くの剰余価値を引き出そうとします。ところが、労働者とその階級は、資本が商品を販売しようとする場合には、市場の有力な部分をなすのです。そこに、資本主義的生産のもとで恐慌が不可避となる根本的な原因があります。それを指摘したのが、恐慌の「根拠」論です。

マルクスは、このことを、いろいろな言い方で表現します。

例の「覚え書き」のなかでは、「資本主義的生産様式における矛盾」を、「商品の買い手としての労働者たち」にたいする資本の態度と「彼らの商品――労働力――の売り手」としての労働者たちにたいする資本の態度との矛盾として、描き出しました〔＊〕（⑥四九九ページ、〔Ⅱ〕318ページ）。また、これから読む第三部のなかでは、「資本主義的生産の衝動と対比しての……大衆の貧困と消費制限」（⑪八三五ページ、〔Ⅲ〕501ページ）とか、「直接的搾取の諸条件とこの搾取の実現の諸条件とは、同じではない」（⑨四一六ページ、〔Ⅲ〕254ページ）と言ったりしています。これらは、表現の仕方は違いますが、どれも資本主義的生産様式の同じ矛盾を表現しているのです。

＊「買い手」と「売り手」の矛盾　こういう言い方での資本家の立場の矛盾の指摘は、『五七～五八年草稿』での次の文章が最初でした。ここでは、資本家の落ち込んでいる矛盾がたいへん丁寧に説明されています。

「どの資本家も、自分の労働者については、その労働者にたいする自己の関係が消費者に〔たいする〕生産者の関係でないことを知っており、またその労働者の消費を、すなわちその交換能力、その賃銀をできるだけ制限したいと望んでいる。もちろん、どの資本家も、他の資本家の労働者が自分の商品のできるだけ大きな消費者であることを望んでいる。だがおのおのの資本家が自分の労働者にたいしてもつ関係は、資本と労働との関係一般であり、本質的な関係である。ところが、まさにこのことによって幻想が、すなわち、自分の労働者を除くそのほかの全労働者階級は、労働者としてではなく、消費者および交換者として、貨幣支出者として、自分に相対しているのだ――個々の資本家を他のすべての資本家から区別するなら、彼にとってはこのことは真実なのであるが――、という幻想が生まれてくる」(『草稿集』②三四～三五ページ)。

(3) 恐慌の運動論

しかし、恐慌の根拠だけでは、恐慌の現実性のすべてを説明することはできません。恐慌が資本主義的生産様式の矛盾そのものから生まれるなら、なぜ周期的現象として現われるのか、という問題です。

恐慌とは、要するに生産と消費との矛盾の発現です。けれども、資本主義的生産が、生産と消費とのあいだにそんなに大きな矛盾をかかえているのなら、恐慌は一時的な現象ではなく、恒常的な現象になるはずではないのか。それとも、小さな矛盾が次第に恐慌にまで成長するのだというなら、それもおかしい。市場経済とは、矛盾が現われたらそれがあまり大きくならないうちに解決する調節作用をもっているはずではないのか。

恐慌の根拠とされる生産と消費の矛盾が、どのような運動形態をとって、周期的に恐慌として発現するのか。言い換えれば、恐慌の運動論が、いやおうなしに求められるのです。

マルクスは、ここに恐慌論の中心問題があることを、かなり早くから自覚していました。

一八五七～五八年の恐慌が終わった時――ちょうど、マルクスが『五七～五八年草稿』を書き終わった時と一致する時期でした――、イギリス議会が恐慌問題についての報告書を発表したのです（一八五八年七月）。その結論は、一口で言えば、「過度の投機および信用の濫用」が恐慌を引き起こした、というものでした。

それを読んだマルクスは、当時、寄稿していたアメリカの新聞「ニューヨーク・デイリー・トリビューン」に「イギリスの商業と金融」という論説（一八五八年一〇月四日付）を書いて、イギリス議会の報告書への痛烈な批判をおこなったのでした。

〝問題は、そんな一般論で済むことではない。恐慌を起こすような「過度の投機」や「信用の濫用」がなぜ一〇年ごとに起こるのか、一般的な自己幻惑、過度投機、仮空信用に、なぜ一〇年ごとにとらわれるのか、そこが問題ではないか〟（全集⑫五四二～五四三ページ）。

これは、恐慌の運動論の問題意識そのものです。それだけではありません。これは、その問題について、自分が解答をもっている確信を持っている者でなければ書けない、たいへん挑戦的な文章でした。

つまり、マルクスは、『五七～五八年草稿』を書いたときに、自分は恐慌の運動論を解決したという確信をもっていたのでした。

しかし、その時、マルクスがもっていたという解答は、利潤率低下の法則に恐慌の根源を求めるもので、数年後には、マルクス自身がその誤りを認めて、放棄せざるを得なくなる解答でした。しかし、マルクスは、正しい解答を求めて探究を続け、一八六五年に到達したのが、「生産資本の循環」のところで説明した恐慌の運動論――「流通時間の短縮」という運動形態の発見に始まる新しい運動論でした（本巻一八二～一九二ページ）。

こうして、マルクスの恐慌論は、（1）恐慌の可能性、（2）恐慌の根拠、（3）恐慌の運動論の全体を包括する内容をもつにいたったのでした。

マルクスが、第二部の最後の章を書いたとすれば、おそらくその三つの要素を含む体系的な恐慌論を展開したでしょう。私の推理の結論はこういうことになりますが、現行『資本論』に書き残された運動論の追跡とその検討は、さらに第三部で続けることにします。

（『経済』二〇一七年五月号～九月号）

不破哲三（ふわ　てつぞう）

1930年生まれ

主な著書　「スターリン秘史」（全６巻）「現代史とスターリン」（渡辺治氏との対談）「史的唯物論研究」「講座『家族・私有財産および国家の起源』入門」「自然の弁証法―エンゲルスの足跡をたどる」「エンゲルスと『資本論』」（上・下）「レーニンと『資本論』」（全７巻）「マルクスと『資本論』」（全３巻）「『資本論』全三部を読む」（全７巻）「古典研究　マルクス未来社会論」「古典研究　議会の多数を得ての革命」「古典への招待」（全３巻）「マルクス、エンゲルス　革命論研究」（上・下）「『資本論』はどのようにして形成されたか」「マルクス『資本論』―発掘・追跡・探究」「古典教室」（全３巻）「マルクスは生きている」（平凡社新書）「新・日本共産党綱領を読む」「報告集・日本共産党綱領」（党出版局）「党綱領の理論上の突破点について」（同前）「日本共産党史を語る」（上・下）「新版 たたかいの記録―三つの覇権主義」「スターリンと大国主義」「日本共産党にたいする干渉と内通の記録」（上・下）「二十一世紀と『科学の目』」「ふたたび『科学の目』を語る」「アジア・アフリカ・ラテンアメリカ―いまこの世界をどう見るか」「21世紀の世界と社会主義」「『科学の目』講座 いま世界がおもしろい」「激動の世界はどこに向かうか―日中理論会談の報告」「『科学の目』で見る日本と世界」「歴史から学ぶ」「『科学の目』で日本の戦争を考える」「私の戦後六十年」（新潮社）「回想の山道」（山と渓谷社）「私の南アルプス」（同前）「新編 宮本百合子と十二年」「小林多喜二―時代への挑戦」「文化と政治を結んで」「同じ世代を生きて―水上勉・不破哲三往復書簡」「不破哲三　時代の証言」（中央公論新社）

『資本論《しほんろん》』探究《たんきゅう》――全三部《ぜんさんぶ》を歴史的《れきしてき》に読《よ》む　上

2018年１月25日　初　版
2018年３月15日　第２刷

著　者　不　破　哲　三
発行者　田　所　　稔

郵便番号　151-0051　東京都渋谷区千駄ヶ谷 4-25-6
発行所　株式会社　新日本出版社
電話　03（3423）8402（営業）
03（3423）9323（編集）
info@shinnihon-net.co.jp
www.shinnihon-net.co.jp
振替番号　00130-0-13681
印刷・製本　光陽メディア

落丁・乱丁がありましたらおとりかえいたします。

ISBN978-4-406-06195-7　C0033　Printed in Japan